Maître de ses choix, maître de sa vie

J'AI LU

NATHANIEL BRANDEN

Ayez confiance en vous	
La psychologie de l'amour romantique	
Les six clés de la confiance en soi	*J'ai lu* 7091/7
Maître de ses choix, maître de sa vie	*J'ai lu* 7127/6

NATHANIEL BRANDEN

Maître de ses choix, maître de sa vie

Traduit de l'américain
par Valérie Dariot

J'AI LU

Bien-être

Titre original :
TAKING RESPONSABILITY

Sommaire

Introduction

Je commencerai ce livre par un exemple personnel qui, à mon sens, illustre bien l'un des principaux aspects de mon sujet. Lorsque nous évoquons les avantages de la responsabilité, il en est un qui ne nous vient pas immédiatement à l'esprit et qui pourtant est loin d'être négligeable. Je veux parler de notre bonheur.

Alors que je m'apprêtais à célébrer mon soixantième anniversaire, il y a quelques années de cela, j'ai commencé à beaucoup m'interroger sur le bonheur. Je me demandais comment faire de la recherche de ce bonheur le but conscient de mon existence. À cette époque, je me lançais dans un projet qui promettait d'être très stressant, pourtant, j'étais déterminé à ne pas laisser ce stress affecter mon humeur ni nuire à l'harmonie de mon mariage.

Je pensais à ma femme, Devers, qui est l'être le plus résolument heureux et le plus autonome qu'il m'ait été donné de connaître. Je me souviens que le jour où je fis sa connaissance, je me dis que je n'avais jamais rencontré personne chez qui la joie de vivre fût à ce point innée. Pourtant, Devers n'avait pas eu une vie facile. Veuve à vingt-quatre ans, elle avait dû assumer l'éducation de ses deux enfants avec des moyens financiers très limités et sans aucune aide extérieure. Lorsque je fis sa connaissance, elle vivait seule depuis déjà plusieurs années. Sa carrière était une réussite et jamais, lorsqu'elle évoquait les difficultés de sa vie passée, elle ne semblait s'apitoyer sur son sort. Par la suite, je l'ai vue essuyer quelques revers, je l'ai vue triste et silencieuse, mais son mutisme ne durait jamais que quelques heures, une journée tout au plus, et brusquement son naturel joyeux reprenait le dessus. De nouveau, elle affichait cette bonne humeur qui n'était ni forcée ni feinte. Il me fallut du temps pour comprendre cela, pour admettre que son bonheur, bien réel, était plus fort que l'adversité.

Quand je l'interrogeais sur sa résistance, elle me répondait simplement : « J'ai pris l'engagement d'être heureuse », puis elle ajoutait : « Cela demande de la discipline. » Par ailleurs, elle avait une habitude que je trouvais étrange : jamais elle n'allait se coucher le soir sans avoir au préalable fait le bilan de tout ce qui était bien dans sa vie. Et cette pensée était la dernière de sa journée. Je pressentais alors que dans ce comportement se cachait l'une des principales clés de la psychologie du bonheur.

J'ai souvent discuté avec Devers de cette tendance qu'ont beaucoup de gens à expliquer leurs états d'âme par des circonstances extérieures. Pour eux, les joies sont la résultante d'événements positifs dans leur vie et les peines, d'événements négatifs. Or, quiconque considère que le bonheur ne peut être suscité que par l'extérieur ne se sent plus responsable de ce qu'il éprouve. Pourtant, comme Devers, j'ai toujours été convaincu que dans le bonheur que nous pouvons ressentir, notre attitude est bien plus déterminante que ne le sont les circonstances extérieures.

Ainsi, prenez un homme qui a une tendance naturelle à être heureux. La joie de vivre étant chez lui une prédisposition, il lui arrive parfois d'être malheureux, mais il ne s'agit que d'épisodes passagers. Supposons maintenant qu'un malheur s'abatte sur un tel homme — perte d'un emploi, fin d'une relation sentimentale ou ennui de santé. Certes, il souffrira un certain temps ; mais au bout de quelques semaines, de quelques mois, voire d'une année, selon la gravité du problème rencontré, cet homme retrouvera le bonheur. Prenons à présent l'exemple inverse, celui d'un homme naturellement prédisposé à se sentir malheureux. Dans sa vie, les périodes de joie sont bien plus courtes et bien moins nombreuses que les périodes de tristesse. Supposons maintenant qu'il lui arrive un événement merveilleux — promotion professionnelle, héritage, rencontre amoureuse. Pendant un temps, cet homme sera effectivement heureux, mais il retombera vite dans sa morosité habituelle.

Moi-même, je me suis toujours considéré comme un individu foncièrement heureux et j'ai réussi à conserver cet état d'esprit en dépit des difficultés que j'ai pu rencontrer dans ma vie. Comme tout un chacun, j'ai connu des épisodes douloureux. Mais pendant toutes ces années, je me suis souvent demandé si je ne commettais pas une erreur quelque part et si toute cette souffrance était vraiment nécessaire. Quelque chose de fondamental m'échappait, mais qu'était-ce ? Cette question ne laisse pas de me préoccuper, aujourd'hui que j'ai décidé de faire de la recherche du bonheur non plus un désir diffus, mais un but conscient de mon existence et de travailler plus activement à atteindre l'état émotionnel auquel j'aspire.

J'ai remarqué que plus j'avance en âge et plus mon enfance devient heureuse dans mon souvenir. Si quelqu'un m'avait demandé, à vingt ans puis à soixante, de raconter les premières années de ma vie, il aurait entendu deux récits très différents non seulement dans les faits rapportés, mais dans l'interprétation que j'en donnais. À vingt ans, les souvenirs négatifs de mon enfance occultaient tous les autres alors qu'à soixante l'effet inverse se produisait. Avec les années, ma perception de ce qui avait été important dans mes jeunes années avait changé du tout au tout. Je tenais là une autre clé.

Plus je réfléchissais à ces questions, plus je pensais aux gens heureux que j'avais pu rencontrer, plus il m'apparaissait clairement que ces êtres avaient une manière particulière de traverser et d'assimiler les expériences de la vie. Quelles que soient les circonstances, l'individu naturellement prédisposé au bonheur parvient très rapidement à retirer des événements ce qu'ils ont de positif, pour ne garder que cet aspect, en reléguant au second plan tout le négatif.

Ces idées, ces observations, me disais-je, n'étaient pas une découverte pour moi, alors pourquoi ne les avais-je jamais mises en pratique dans ma vie ? Je connaissais déjà la réponse à cette question. Dans un lointain passé, je m'étais convaincu qu'il me fallait longuement méditer sur mes échecs et remâcher mes déceptions, car ce faisant je me prouvais que j'étais quelqu'un de sérieux, quelqu'un qui ne fuyait ni la réalité ni les responsabilités. Le jour où je parvins à exprimer cette croyance en paroles, j'en mesurai immédiatement toute l'absurdité. Cette idée n'aurait eu de sens que si, connaissant les moyens de remédier à une situation, je m'étais délibérément abstenu d'agir. Or, si j'avais déjà fait tout ce qui était en mon pouvoir, continuer à m'absorber dans le côté négatif de la situation ne pouvait rien m'apporter de plus.

Quand quelque chose va mal, nous devons nous poser une seule question : Est-il en mon pouvoir d'améliorer ou de corriger cette situation ? Si la réponse est oui, je me dois d'agir. Mais dans le cas contraire, il ne sert à rien de se tourmenter pour des choses qui échappent à notre contrôle. J'en conviens, il n'est pas toujours facile d'adopter une telle attitude, mais nous pouvons y parvenir, pourvu que nous soyons assez déterminés.

Les années que je viens de vivre, depuis que j'ai fait ces découvertes, ont été les plus heureuses de mon existence. Pourtant les sujets d'inquiétude ne m'ont pas manqué. Mais je constate que je résous mes problèmes plus rapidement que par le passé et que je me remets plus vite de mes déceptions. Parce que j'assume la responsabilité de l'état d'esprit dans lequel je me trouve, ce que j'étais incapable de faire étant plus jeune. Mais n'allez pas croire qu'en agissant ainsi je me charge d'un fardeau supplémentaire. Bien au contraire, je me sens plus fort et plus libre que jamais.

Cette règle de vie que j'enseigne aujourd'hui aux patients qui viennent me consulter en thérapie, je l'ai mise en pratique par différentes méthodes. L'une d'entre elles consiste à débuter chaque journée en se posant deux questions : *Qu'y a-t-il de bien dans ma vie ? Que puis-je faire pour l'améliorer encore ?*

La première de ces questions permet de ne pas perdre de vue les aspects positifs de notre vie, tandis que la seconde nous rappelle que notre bien-être est notre responsabilité et qu'il nous faut agir si nous voulons le préserver.

Notre civilisation n'a jamais considéré le bonheur comme un état digne de respect. Pourtant, lorsque nous rencontrons ces êtres capables de rester heureux dans l'adversité, nous aspirons tous à leur ressembler, car nous pressentons qu'ils ont atteint là une forme d'accomplissement spirituel. Mais cette félicité, nous ne pouvons y accéder qui si nous cessons d'attendre des autres et des événements extérieurs qu'ils nous la procurent. Nous devons comprendre que nous avons une responsabilité dans notre état émotionnel.

L'une des principales idées que je développe dans ce livre est justement ce pouvoir libérateur d'une prise de responsabilités vécue comme une pratique quotidienne et qui devient une source de satisfactions.

Prenons l'exemple des enfants : ils vivent dans un état de dépendance presque totale envers les autres et ne peuvent satisfaire seuls la plupart de leurs besoins. En grandissant, ils apprennent progressivement à compter sur eux-mêmes. Pour devenir des adultes accomplis, il leur faudra petit à petit assumer pleinement leurs responsabilités dans tous les domaines de leur vie. Au plan physique et affectif, comme au plan intellectuel et spirituel. Cette autonomie pleine et entière est considérée, dans nos sociétés occidentales fondées sur l'individualisme, comme l'aboutissement idéal de notre développement.

Or, mesurer les implications d'un tel idéal n'est pas toujours très facile. Car nous sommes avant tout des créatures sociales. Nous ne pouvons réaliser notre potentiel que dans le cadre d'une société humaine. Sans coopération avec les autres, nous ne pouvons satisfaire la plupart de nos besoins ni atteindre les buts que nous nous sommes fixés. Plus de 90 % des actifs, dans nos sociétés, travaillent dans des entreprises, et de leur capacité à fonctionner en tant que membre d'une équipe dépend souvent leur réussite. Sur un plan plus personnel, rares sont ceux qui envisagent de passer leur vie seuls. La plupart d'entre nous se marient ou cohabitent avec un compagnon. Lorsque l'on étudie la vie des gens que l'on dit « heureux », force est de constater combien il est important d'avoir au moins une relation gratifiante avec un autre être humain. Ce désir d'appartenance à une communauté est universel.

Sachant cela, il convient de se demander en quoi l'autonomie peut être une vertu et l'individualisme, une valeur. Et comment nous pouvons exercer au quotidien notre sens des responsabilités.

Ce sont là les questions auxquelles je m'efforce d'apporter une réponse dans ce livre.

Dans le monde économique actuel, où le travail manuel a peu à peu été supplanté par l'activité intellectuelle, où les modèles d'organisation autoritaires et hiérarchiques sont remplacés par des structures plus ouvertes et fondées sur la communication, et où les compétences cognitives sont d'une toute première importance pour s'adapter rapidement à un marché mondial en constante mutation, la question de la responsabilité devient plus cruciale que jamais. Conformisme et passivité n'ont plus leur place dans un tel monde. Aujourd'hui, les entreprises veulent des individus désireux et capables de penser par eux-mêmes, d'agir pour répondre aux problèmes plutôt que d'attendre une solution des autres. En un mot, des individus pleinement responsables.

Dans un monde de l'information, qui nous confronte à une multitude de choix, de points de vue et d'idées, comme jamais ce ne fut le cas auparavant dans notre histoire ; dans un monde qui nous offre pour la première fois la capacité de choisir les valeurs qui régiront nos vies (au lieu de nous conformer aveuglément à une pensée traditionnelle transmise par nos parents), il nous faut pouvoir assumer nos jugements et faire confiance à notre intelligence, regarder le monde à travers nos propres yeux, diriger notre vie et réfléchir aux moyens de construire l'avenir que nous souhaitons, accepter de toujours enrichir nos connaissances et d'aiguiser notre esprit critique — être, en somme, des individus responsables.

Tout d'abord, je voudrais répondre à une objection qui ne manquera pas d'être soulevée. Trop souvent, lorsqu'on parle de prendre ses responsabilités, nous nous imaginons que cette démarche va nous contraindre à supporter de nouveaux fardeaux, à assumer de nouvelles obligations, alors qu'au contraire, être responsable peut nous aider à nous débarrasser de fardeaux que nous n'aurions jamais dû accepter d'endosser. Nombre d'entre nous pensent qu'il est plus facile d'acquiescer à des demandes déraisonnables que de parler haut et fort pour défendre leurs intérêts propres. Assumer des responsabilités dont nous savons qu'elles incombent à un autre, c'est agir en être irresponsable vis-à-vis de soi-même. Nous devons savoir où s'arrête notre moi et où commence celui des autres. Nous avons besoin de frontières, de limites. Nous devons avoir une juste appréciation de ce que nous contrôlons et de ce qui échappe à notre contrôle, de ce qui est et de ce qui n'est pas de notre ressort.

En réfléchissant à ce que signifient les termes de « responsabilité » et d'« indépendance », et surtout à ce qu'ils ne signifient pas, nous voyons que ces notions sont essentielles à notre épanouissement personnel, qu'elles sont la base de notre vie morale et le fondement de toute vie sociale. Et nous voyons que cette tendance conventionnelle à présenter l'individualisme comme l'ennemi de la communauté et de la culture repose sur un profond malentendu.

Indépendance et sens des responsabilités sont indispensables à notre bien-être psychologique. Être indépendant, c'est développer une réflexion personnelle et adopter un point de vue critique sur les valeurs et les croyances véhiculées par les autres — c'est agir selon sa propre conscience. Avoir le sens des responsabilités, c'est devenir soi-même la cause des effets que nous recherchons, par contraste avec une attitude qui consiste à espérer ou à exiger qu'un autre agisse à notre place tandis que nous nous bornons à attendre et à souffrir. C'est par l'indépendance et la responsabilité que nous pouvons acquérir une force personnelle. En renonçant à elles, nous nous dépossédons de cette force.

Malheureusement, il faut bien admettre que, dans nos sociétés, le sens des responsabilités est une valeur en perte de vitesse. « Je n'y pouvais rien, c'était plus fort que moi ! » semble être désormais le leitmotiv de nos contemporains. Un refrain qui n'est que l'écho du constat sans appel dressé par nombre de nos sociologues. Le libre arbitre n'existe pas, nous disent-ils. Or, cette affirmation est non seulement infondée et erronée, mais elle est socialement pernicieuse. Car le renoncement à toute responsabilité personnelle anéantit l'estime de soi et rend impossible tout lien social fondé sur la bienveillance et sur la décence. Cette négation de toute responsabilité dans nos actes peut, dans sa manifestation extrême, servir de caution aux pires débordements. Si nous voulons que notre monde fonctionne, nous devons développer une culture de la responsabilité. C'est dans ce but que j'écris ce livre.

Le principal argument de ceux qui, pour des motifs prétendument humanistes, opposent le déterminisme au sens des responsabilités, consiste à dire que nous pouvons être les victimes de circonstances échappant à notre contrôle. Et j'admets qu'ils n'ont pas tort. Cependant, un homme frappé par le malheur surmontera plus facilement ses épreuves s'il prend conscience des ressources qu'il recèle que s'il s'entend répéter à longueur de temps qu'il est une victime impuissante de la fatalité. Car il ne faut pas s'y tromper : derrière la compassion exprimée par les tenants du déterminisme, qu'ils soient professeurs d'université, parents, législateurs ou militants, se cache souvent de la condescendance, voire du mépris. Il est en effet plus aisé de proclamer ses préoccupations altruistes que d'aider les autres à puiser en eux les ressources qui leur font défaut.

Faire croire à un jeune délinquant, par exemple, que lorsqu'il dévalise une épicerie et en brutalise le propriétaire, il n'est pas vraiment coupable et que la faute incombe à un système qui l'opprime est une position moralement pernicieuse tant pour le criminel que pour la société dans laquelle il vit. Dire à une mère célibataire de seize ans, enceinte de son deuxième enfant, qu'elle est une victime impuissante du patriarcat ou du capitalisme et que l'aide sociale n'est pas une obole mais un droit à part entière, dire à cette jeune femme qu'elle peut exiger d'être nourrie, logée et soignée sans se préoccuper de savoir qui paiera la note est là encore un acte moralement inacceptable et psychologiquement castrateur.

En ma qualité de psychothérapeute, je considère comme mon premier devoir d'aider mes patients à trouver en eux des forces insoupçonnées ou inaccessibles grâce auxquelles ils pourront mieux faire face aux épreuves de la vie. Quelle que soit l'intensité du chagrin ou de la colère que nous devons d'abord surmonter, la question qui finalement se pose est la suivante : *Et maintenant, que puis-je faire ?* En d'autres termes, quels sont les choix qui s'offrent à moi ? En quoi puis-je améliorer ma qualité de vie ? Pour répondre à ces questions, nous devons tout d'abord découvrir que notre moi ne se borne pas à nos problèmes. Nous ne servons pas nos intérêts, lorsque, arrivés à l'âge adulte, nous continuons à nous considérer comme des victimes impuissantes, même si c'est bien ce que nous avons été dans notre enfance.

Pourtant, si je prône la responsabilité, je n'adopte pas pour autant le point de vue de certains conservateurs ou fondamentalistes religieux qui pensent que notre culture est devenue trop individualiste et que, pour retrouver notre sens des responsabilités, nous devons accomplir notre devoir envers la société et envers Dieu. Je suis un fervent défenseur de l'individualisme érigé en valeur, d'une éthique d'un intérêt de soi éclairé et rationnel. C'est au nom de cette philosophie morale que je prône le sens des responsabilités. Vivre de façon responsable est un acte d'intelligence et d'intégrité, non un sacrifice de soi.

Dans mes précédents ouvrages, lorsque j'abordais la responsabilité, c'était en la présentant comme une manière d'accéder à une plus grande estime de soi. Mais aujourd'hui, dans ce livre, je voudrais la traiter sous un angle plus large. Car il convient de voir en elle la clé d'une plus grande efficacité personnelle dans tous les aspects de notre vie, qu'il s'agisse de notre couple, de notre carrière, ou plus généralement de notre aspiration à devenir des êtres entiers et équilibrés. C'est un principe à la fois psychologique et éthique. Elle est le fondement moral de toute vie sociale et par le fait elle a des ramifications jusque dans la sphère politique.

Sens des responsabilités, autonomie et indépendance sont des notions très décriées par certains individus ou groupes sociaux qui leur opposent une culture de l'impuissance et qui préfèrent mettre toutes leurs difficultés sur le compte des agissements d'autrui. Dans notre monde impitoyable et injuste, une telle position est assez facilement compréhensible. Cependant, se dessine aujourd'hui un courant inverse, une tendance chez certains de nos contemporains à vouloir se réapproprier leur propre destin. J'en veux pour preuve l'évolution, au cours des dernières décennies, des valeurs que les parents cherchent à inculquer à leurs enfants.

Dans les années 20, une étude fut menée aux États-Unis dont l'objectif était de répertorier et de classer les traits de caractère que les parents appréciaient le plus chez leurs enfants. Soumission et conformisme faisaient alors l'unanimité chez les éducateurs. Parmi les qualités les plus souvent citées, on trouvait l'attachement à sa foi, les bonnes manières et l'obéissance absolue. Les comportements associés à l'autonomie, tels que l'indépendance ou la tolérance, figuraient en bas de liste. Des études similaires réalisées dans les années 60, 70 et 80 font peu à peu apparaître un renversement total de tendance. Aujourd'hui, les parents cherchent à développer chez leurs enfants des comportements associés à l'autonomie. Esprit critique, indépendance et tolérance, notamment envers les individus appartenant à d'autres races ou à d'autres cultures, viennent en tête de liste, tandis que les valeurs liées à l'obéissance et au conformisme, anciennement plébiscitées, sont en recul constant. Il ressort également de ces études que l'autonomie est de plus en plus prisée non seulement dans toutes les classes sociales, mais aussi dans la plupart des pays occidentaux.

Certes, nous sommes encore loin d'ériger le sens des responsabilités en mode de vie, avec tout ce que cela impliquerait tant au niveau personnel qu'au niveau social. Beaucoup de gens considèrent toujours une attitude responsable non comme un défi à relever, mais comme un facteur de perturbation. Pourtant, je perçois chaque jour les signes d'une prise de conscience. Et peut-être sommes-nous enfin prêts à accepter cette idée.

Dans ce livre, je poursuis quatre buts : cerner la signification et les implications de la responsabilité érigée en mode de vie et de comportement personnel ; montrer que son exercice ne nous accable pas sous de nouveaux fardeaux mais qu'au contraire il peut nous apporter joie et force ; démontrer que nous construisons notre personnalité à travers les responsabilités que nous sommes prêts à assumer ; enfin, prouver qu'affirmation de soi et individualisme sont essentiels à la santé de nos sociétés.

Plus personnellement, j'espère que ceux qui liront cet ouvrage y trouveront le moyen d'accéder à une conscience, à une énergie, à des performances accrues et d'élargir leur vision des possibilités que nous offre la vie.

1

Sur la voie de l'autonomie

L'événement le plus marquant de ma dixième année fut de recevoir mon premier pantalon long. C'était un pantalon de « grand », bleu marine, d'une coupe très classique. Il était réservé aux grandes occasions, pourtant je me rappelle fort bien l'avoir revêtu pour déambuler dans la rue où nous habitions, cherchant à attirer les regards, plein de fierté d'arborer ce vêtement grâce auquel je sortais de l'enfance. À mes yeux, ce pantalon était celui d'un directeur d'entreprise ou d'un médecin, d'un personnage important et responsable. D'un homme, en somme.

Je pressentais alors, sans avoir les mots pour le dire, qu'un homme était quelqu'un d'indépendant, qui savait ce qu'il voulait, qui menait seul sa barque et, surtout, qui ne vivait plus avec ses parents. Une personne financièrement indépendante, exerçant un travail créatif et épanouissant. Un être responsable et sûr de lui. J'avais cette vision romantique et presque héroïque de l'homme. (Je l'ai toujours, à cette différence près que je ne la limite plus à la gent masculine.) Et ce personnage fascinant se trouvait tout entier symbolisé par ce pantalon long. Il était une promesse, une porte entrouverte sur un avenir que j'étais impatient de connaître, un premier aperçu d'une existence dans laquelle je serais le seul maître de mes choix, où je n'aurais de comptes à rendre à personne (je ne mesurais pas encore toute la complexité de la vie maritale), une existence dans laquelle je pourrais enfin accéder à ce qui était le plus important à mes yeux : l'indépendance.

Pour moi, être adulte, c'était être libre de diriger sa vie. Si l'on m'avait demandé alors ce que je désirais le plus au monde, j'aurais répondu sans hésiter : « Être un adulte. »

Même si je ne me rappelle pas l'avoir jamais pensé de façon consciente, je suis sûr que j'étais persuadé alors que tous les enfants éprouvaient les mêmes sentiments et partageaient mon impatience de grandir. Aujourd'hui, je sais que ce n'était pas nécessairement vrai. Ce que j'ignorais à l'époque, et que je n'ai pas compris avant de devenir psychothérapeute, c'est que nombre d'adultes regrettent leurs jeunes années et qu'ils n'ont en fait jamais cessé d'être des enfants. Ces adultes-là se tournent vers les autres pour s'entendre dire ce qu'ils doivent faire. Ils désirent que l'on prenne soin d'eux et qu'on leur épargne l'obligation de penser et d'agir par eux-mêmes.

Mais à dix ans, j'imaginais que la transition de l'enfance à l'âge adulte s'opérait naturellement et de façon quasiment automatique. Je n'avais aucune notion de la complexité de ces questions et j'ignorais à quel point notre chemin est semé d'embûches.

Le moi et sa lutte pour émerger

Personne ne vient au monde indépendant, autonome et responsable, car cet état est le produit d'un développement. C'est un aboutissement. Nul n'est un individu entier lorsqu'il vient au monde. À l'aube de notre vie, nous ne sommes que matière brute et nous ne devenons des individus qu'à l'issue d'un lent processus de maturation (si, par bonheur, rien ne vient l'entraver). Notre naissance psychologique survient bien après notre naissance biologique.

Passer de l'enfance à l'âge adulte, c'est passer de la dépendance à l'autonomie, par un processus dit d'« individuation ». Cette longue progression qui permet l'émergence d'un individu plein et entier se décompose en plusieurs étapes qui ne sont pas toujours, loin s'en faut, négociées avec succès.

La maturité physique est un état auquel nous parvenons en général très facilement. En revanche, les étapes de maturation intellectuelle, psychologique et spirituelle se passent rarement sans problèmes. Car à tout moment, le processus peut se trouver interrompu, retardé ou contrarié, soit par un environnement qui le bloque au lieu de le favoriser — c'est le cas lorsqu'il règne dans la cellule familiale une ambiance irrationnelle, imprévisible, violente ou terrifiante —, soit par des choix que nous faisons ou des décisions que nous prenons dans le but de nous adapter à notre milieu, mais qui se révèlent finalement destructeurs. Par exemple, en choisissant de nier nos perceptions ou de réprimer nos sentiments, nous rendons notre existence plus supportable dans le court terme, mais, ce faisant, nous renonçons à une part de nous-mêmes. Notre développement étant entravé, notre intelligence bridée, les nombreuses richesses de notre personnalité risquent de demeurer à jamais enfouies dans les tréfonds de notre psyché. Ainsi, tels des blocs de marbre auxquels le sculpteur n'aura pas donné forme, nombre d'entre nous resteront inachevés, détenteurs d'un potentiel pressenti mais jamais réalisé.

Julia K. avait vingt-six ans. Elle était venue me consulter parce que, son mari l'ayant quittée, elle était terrifiée à l'idée de devoir travailler pour gagner sa vie. « Je ne connais rien au monde du travail, me confia-t-elle en sanglotant. Je n'ai aucune compétence que je pourrais monnayer. » Élevée dans la certitude qu'un mari s'occuperait toujours d'elle, Julia n'avait jamais appris à se prendre en charge. Quand elle était enfant, personne n'avait jugé bon de stimuler son intelligence, de lui demander ce qu'elle pensait, de l'encourager à conquérir son indépendance et à s'affirmer. Et elle n'avait pas eu assez de volonté pour s'opposer à son environnement. À dix-neuf ans, elle se mariait. Jusque-là, ses parents avaient toujours pris toutes les décisions la concernant. Ce fut ensuite au tour de son mari d'assumer pour elle toutes les responsabilités. Sur un plan émotionnel, Julia se considérait encore comme une enfant. La perspective de prendre des décisions en toute indépendance, même sur les questions les plus simples, la remplissait d'anxiété. À l'idée de chercher un emploi, Julia était prise de panique.

« Je ne percevrai une pension alimentaire que pendant trois ans », m'expliqua-t-elle. Et c'était comme si elle me disait : « Les médecins ne m'ont donné que trois ans à vivre. » L'idée de se prendre en charge lui était étrangère, mais pas tant que cela, comme me le fit comprendre une question qu'elle finit par me poser : « Pensez-vous que j'apprendrai un jour à être une adulte ? »

En thérapie, je l'invitai à se poser les vraies questions : « Qui suis-je ? Quels sont mes opinions, mes sentiments, mes désirs propres ? Quelles responsabilités suis-je prête à assumer ? Comment traduire en actes les fruits de mon apprentissage ? » C'est en affrontant ces questions, et en surmontant la terreur qu'elles lui inspiraient, que Julia apprit à se créer et qu'elle donna naissance à un moi adulte capable de prendre en charge sa propre existence.

Faire le choix d'exercer sa conscience, de penser et de voir le monde en ne se fiant qu'à sa propre perception des choses est l'acte premier et essentiel de toute prise de responsabilité.

Andrew M. avait cinquante-trois ans. Il avait décidé

d'entreprendre une thérapie pour trouver une réponse à un problème qu'il formulait en ces termes : « J'ai toujours considéré comme acquis le fait que je voterais pour le même parti que mes parents. Tous les membres de ma famille ont toujours voté pour ce parti. À la seule idée que je pourrais déroger à cette règle, j'ai toujours été pris de crises d'angoisse. Mais un jour, sur les conseils d'un ami, j'ai assisté à l'une de vos conférences et dès lors j'ai commencé à me poser des questions. Pourquoi ma fidélité à ce parti m'apparaît-elle comme allant de soi, alors que je n'ai même jamais réfléchi à la question ? En vous écoutant parler, j'ai brusquement compris que toute ma vie, alors que je croyais penser, je ne faisais que reprendre à mon compte les opinions des autres. Je n'ai jamais assumé la responsabilité du moindre de mes jugements. Et j'ai parfois l'impression de ne pas exister entièrement. »

La déclaration d'Andrew n'avait en soi rien de remarquable, si ce n'est qu'elle exprimait en termes explicites un problème commun à beaucoup de gens. Des millions d'électeurs votent pour un parti parce qu'ils suivent en cela une tradition familiale. Si quelqu'un venait à leur demander quels principes politiques, philosophiques ou idéologiques ont présidé à leur choix d'un candidat, ils auraient beaucoup de mal à répondre et s'offusqueraient certainement de cette question. Nombreux sont ceux qui, n'ayant jamais eu la moindre pensée indépendante de leur vie, éprouvent un vague sentiment de ne pas exister pleinement. Mais chez Andrew, il s'était produit une étincelle d'indépendance qui l'avait amené à s'interroger sur cette passivité. « Ce que j'aimerais, me confia-t-il, c'est avoir des opinions bien à moi. »

Pour lui, la lutte pour plus d'autonomie et de responsabilité passait par une remise en question des idées transmises par sa famille. Il devait apprendre à distinguer leurs voix de la sienne, à reconnaître ses propres signes intérieurs, à faire son analyse personnelle de ce qu'il pouvait lire dans les journaux ou entendre à la télévision, et finalement prendre la responsabilité de répondre aux questions qui le hantaient : « Qu'est-ce qui est vrai pour moi ? Quelles sont les valeurs que je respecte ? Quelles idées suis-je prêt à défendre ? »

C'est en répondant à ces questions, en découvrant et en respectant son propre point de vue qu'Andrew trouva l'indépendance. Le processus fut long, car il faut du temps pour vaincre sa peur de l'isolement et de la solitude.

La prise de responsabilité est à la fois l'expression d'un passage réussi à l'âge adulte et un moyen d'atteindre à ce but en s'immergeant complètement dans la réalité, en réalisant son potentiel et en donnant à sa personnalité une consistance.

Ce que je suis peut se définir à travers les responsabilités que je suis prêt à assumer.

L'individuation

Notre développement peut être vu comme une succession d'étapes qui nous amènent progressivement à l'autonomie.

Le processus débute avec notre naissance. C'est alors que, quittant la matrice, nous commençons d'exister en tant qu'entité distincte du corps maternel. Mais si la séparation physique est bien réelle, il se passera encore plusieurs mois avant que nous ne prenions conscience de l'existence de notre moi et que nous ne commencions à établir une limite entre notre corps et le monde extérieur, représenté principalement par le corps de la mère. À mesure que se développent notre cerveau, notre système nerveux et notre corps, nous accomplissons la plus précoce et pourtant la plus importante tâche de notre maturation. Je veux parler de la découverte du *moi*.

La prise de conscience de cette séparation, cette capacité à distinguer ce qui est moi de ce qui ne l'est pas, jette les fondations sur lesquelles se construira tout notre développement ultérieur. Les psychologues de l'enfance parlent à cette étape de « séparation et d'individuation ». Dans ce contexte, l'individuation fait référence à l'acquisition des compétences cognitives et motrices ainsi qu'à l'émergence d'une identité physique et psychique. C'est à ce stade que se constitue l'autonomie de l'enfant qui décidera de sa capacité à s'autogérer et à s'autoréguler.

Cependant, séparation et individuation ne sont pas limitées à la prime enfance. Lorsqu'un homme d'âge mûr traverse une crise spirituelle qui l'amène à remettre en question les valeurs et les objectifs qui ont guidé sa vie, à s'interroger sur l'image qu'il a de lui-même et sur ce qu'il veut faire des années qu'il lui reste à vivre, il se démarque de son passé pour mieux se tourner vers son avenir et, ce faisant, il entame un nouveau processus d'individuation. Lorsqu'une femme mariée depuis de longues années se retrouve veuve ou divorcée et qu'elle doit cesser de se définir comme une épouse pour se reconstruire une identité propre, elle aussi passe par une étape d'individuation. Ainsi, chaque fois qu'une ancienne image de soi vole en éclats pour donner naissance à une nouvelle identité, il y a individuation.

Qu'il s'agisse de l'enfant ou de l'adulte, le processus est toujours le même. Nous quittons un niveau de notre développement pour passer à un autre. Nous quittons notre peau d'enfant pour entrer dans l'adolescence, dont nous devons ensuite sortir pour devenir des adultes. C'est pour cette raison que notre développement est parfois représenté métaphoriquement par une succession de morts et de renaissances, et c'est pourquoi grandir peut nous sembler si effrayant, puisque nous quittons à chaque stade le domaine du connu pour basculer dans l'inconnu.

Sans entrer dans les détails de la psychologie du développement, je voudrais expliquer brièvement comment émerge le moi afin de montrer la place qu'occupent l'autonomie et le sens des responsabilités dans l'histoire de chaque être humain.

Le moi qui se développe durant les premières années de la vie est un *moi corporel*. « Qui es-tu ? » Si nous posions cette question à un nourrisson, et qu'il fût capable d'en appréhender le sens et de formuler une réponse, nous nous entendrions répondre : « Je suis mon corps. » Car c'est d'abord dans notre corps que notre identité prend son origine.

Pour cerner notre moi, il nous faut établir des limites, et la première d'entre elles est physique. C'est pourquoi les mauvais traitements et les sévices sexuels ont des effets si dévastateurs. Violer l'intégrité corporelle d'un enfant, c'est saper son identité.

Le nourrisson existe en tant que corps séparé bien avant d'acquérir la conscience d'un moi physique indépendant. De même, l'enfant éprouve des émotions et des sentiments bien avant de comprendre qu'ils sont l'expression de son moi, c'est-à-dire avant de prendre conscience de son *moi affectif*. En général, le moi corporel se développe entre les cinquième et neuvième mois de la vie, et le moi affectif entre la première et la troisième année. Tant qu'il n'a pas accompli ces deux stades de son développement, un enfant ne différencie pas clairement son vécu affectif et physiologique de celui de sa mère ou de tout autre individu de son entourage. Sentiments et émotions sont incontestablement présents, mais l'enfant ne sait pas encore qu'ils lui appartiennent en propre.

À ce stade, « je » ne signifie plus « mon corps », mais

« mes sentiments, mes émotions et mon corps ». À ce propos, il est intéressant de noter que les personnes qui ont tendance à s'installer dans des relations affectives dites « codépendantes » n'ont jamais clairement établi ces frontières. L'individu codépendant s'approprie des sentiments éprouvés par d'autres. Il tend à confondre son identité propre avec celle d'un autre, ce qui lui est préjudiciable et révèle un problème d'individuation.

Entre sa troisième et sa sixième année, l'enfant développe une activité intellectuelle et découvre qu'il est propriétaire de ses pensées. Il commence à exprimer verbalement ses sentiments et ses désirs. Il assimile et organise les informations sur un mode plus complexe. Il devient capable de discernement et se met à utiliser son mental pour régler son comportement. L'enfant devient peu à peu une *personne*. À ce stade de son développement, il acquiert un *moi mental*.

Après « je suis mon corps », après « je suis mes émotions, mes sentiments et mon corps », il peut se définir ainsi : « Je suis mes pensées, mes sentiments, mes émotions et mon corps. »

Le développement de la personnalité est donc un enrichissement constant. Chacune des trois étapes qui viennent d'être décrites va jouer un rôle essentiel dans la formation d'une identité saine et équilibrée. Il existe bien sûr des niveaux de développement supérieurs, mais ces trois stades élémentaires sont décisifs, dans la mesure où un échec de l'un ou l'autre entraînera des comportements pathologiques.

Un échec dans la formation du moi corporel tend à provoquer des psychoses : le moi n'est plus clairement dissocié de la réalité. Un échec à la deuxième étape, celle du moi affectif, entraîne des troubles de la personnalité : les frontières émotionnelles étant imprécises, l'individu traverse des épisodes d'angoisse et de dépression. Enfin, un échec durant la formation du moi mental est généralement associé aux névroses résultant du refoulement de pensées et de sentiments « inacceptables ». Il entraîne des comportements névrotiques classiques, tels qu'hypocondrie, syndromes compulsifs et obsessionnels et peurs irrationnelles.

Avec l'émergence de son moi mental, l'enfant se découvre un nouveau pouvoir, celui de renier, de désavouer et de refouler des sentiments, des pensées ou des souvenirs qui sont pour lui cause d'angoisse ; de faire taire certains aspects de sa personnalité, de rétrécir le champ de son moi de manière à diminuer sa souffrance. Or, ces comportements de refoulement, dont l'intention première est de préserver un équilibre affectif, conduisent à l'aliénation mentale de l'individu et à un arrêt de son développement.

C'est pourquoi, à l'âge adulte, l'individuation peut justement consister à rechercher et à intérioriser les pensées ou les souvenirs qui ont été refoulés, et de fait à entamer un nouveau processus de développement qui renforcera l'estime de soi. L'enfant peut être amené à refouler sa colère, sa libido, son ambition, ou toute autre manifestation de sa personnalité jugée « inacceptable » par son entourage. Devenu adulte, il pourra chercher à se réapproprier ce qu'il aura renié. Désormais capable de proclamer : « Ceci fait également partie de moi, c'est une expression de ma personnalité », il parviendra à se reconstruire une identité plus riche et plus équilibrée. Accepter et intégrer des pans de notre moi que nous avons occultés ou qui n'ont jamais été révélés est essentiel à notre développement psychologique et à l'épanouissement de notre personnalité. Il ne s'agit pas seulement d'émotions, mais aussi de talents, de valeurs, et d'autres ressources ; en les revendiquant, nous mettons au jour davantage d'aspects de notre moi véritable.

Tandis que, passant de l'enfance à l'adolescence, nous progressons sur la voie de l'individuation, nous développons nos connaissances, nos compétences et notre aptitude à traiter les informations. Parvenus à l'âge de la puberté, si nous n'avons pas encore toute l'autonomie dont peut jouir un adulte, nous avons déjà considérablement dépassé la dépendance de nos premières années. Nous avons gagné en force, et notre activité mentale n'est plus autant liée à notre environnement sensoriel immédiat. Peu à peu, nous sommes passés d'un mode de pensée concret, directement influencé par nos sens, à une réflexion plus abstraite. Nous avons appris à manier des concepts, à appréhender des associations de plus en plus complexes et à structurer nos connaissances d'une façon de plus en plus élaborée.

Parallèlement, notre sens du moi n'a cessé d'évoluer, jusqu'au point où notre esprit et ses processus cognitifs de réflexion, d'analyse et d'apprentissage sont devenus notre source principale d'identité et de sécurité. *La confiance en soi, c'est la confiance en sa propre conscience.*

Ce stade est l'aboutissement d'un cheminement qui a débuté avec la séparation du ventre maternel, puis du corps maternel, et avec le détachement progressif et la transcendance des divers soutiens que nous offrait notre environnement. Je ne prétends pas que certains appuis extérieurs ne jouent pas un rôle important dans la vie d'un adulte, mais l'individuation n'est achevée que lorsque notre moi remplace l'environnement en tant que *premier* pivot de notre vie. En termes de survie et de bien-être, cette transition s'effectue lorsque nous acceptons la responsabilité fondamentale de notre existence, lorsque nous commençons à nous reposer sur nos pensées et sur nos efforts propres pour satisfaire nos besoins et pour atteindre nos buts. En termes d'estime de soi, elle se produit lorsque nous ne recherchons plus l'approbation chez les autres mais en nous-mêmes.

L'objectif premier d'une thérapie est d'aider le patient à aller rechercher autorité et pouvoir non plus dans le monde extérieur, mais dans son propre moi. Mark R. était un jeune homme de vingt-quatre ans qui venait de terminer ses études universitaires. Il était venu me consulter parce que son entourage le pressait de rejoindre l'entreprise familiale. Cette entreprise, qui fabriquait des articles de maroquinerie, avait été fondée par le père de Mark et offrait du travail à de nombreux oncles, tantes et cousins du jeune homme, en plus des autres employés. Mark était considéré comme le petit génie de la famille et son père désirait depuis toujours qu'il lui succède à la tête de la société. Mais le jeune homme nourrissait une passion pour la philosophie. Il rêvait de passer son doctorat pour devenir professeur, une carrière que ses parents désapprouvaient, la jugeant trop éloignée du monde réel. Mark était déchiré entre son amour pour sa famille, son désir de garder leur considération, et sa passion pour une profession qui l'amènerait immanquablement à sortir de la sphère familiale. Lors d'un de nos entretiens, je lui fis remarquer que ce dilemme était éminemment philosophique, puisqu'il impliquait de faire un choix entre des valeurs antagonistes, mais qu'il était aussi psychologique parce qu'il mettait dans la balance, d'un côté, une motivation par l'amour et, de l'autre, une motivation par la peur : l'amour suscité par la joie de travailler dans un domaine passionnant ; et la peur suscitée par l'angoisse de perdre le soutien affectif de ses proches.

— Il n'y a rien de condamnable à chercher l'approbation de son cercle familial, lui dis-je, mais la question est de savoir quel prix vous êtes prêt à payer pour la conserver.

— J'ai l'impression, me répondit-il, qu'ils attendent

de moi que je me sacrifie corps et âme en échange de leur bénédiction.

— À votre avis, quelles seront les conséquences si vous leur accordez ce qu'ils demandent ?

Il soupira.

— Je perdrai ce que j'ai de plus précieux. Non seulement l'estime que j'ai de moi, mais aussi et surtout mon enthousiasme, mon amour de la vie.

Je lui fis alors remarquer qu'en renonçant à la première il perdrait inévitablement le second.

— Ce marché ne me semble pas très avantageux, lui dis-je.

Lors d'une autre séance, Mark me confia :

— Je commence à entrevoir que mon choix professionnel m'amène à ne plus compter que sur mon propre jugement, à devenir responsable à un niveau plus profond. Je dois m'assumer financièrement, ce qui est simple, mais aussi *spirituellement,* si vous voyez ce que je veux dire.

Et Mark avait raison, c'était bien dans une bataille spirituelle qu'il était engagé. Un combat avec sa conscience qui devait l'amener à franchir une nouvelle étape dans son individuation et dans sa prise d'autonomie.

Finalement, Mark opta pour la carrière de ses rêves. Et, après une année difficile, sa famille accepta sa décision. Mais, au dire du jeune homme, un fossé s'était creusé entre eux, qui resterait infranchissable.

— Peut-être faut-il en passer par là pour grandir, me dit-il lors de notre dernier entretien.

Choisir ses valeurs

Les valeurs morales sont les principes qui guident nos actes dès lors que nous sommes confrontés à un choix. Si nous n'avions jamais à trancher — si nous pouvions poursuivre tous les buts possibles par tous les moyens possibles —, nous n'aurions pas besoin de code moral. Or, pour préserver notre vie et notre bien-être, nous devons obligatoirement faire des choix adaptés tant à la réalité qu'à notre nature. C'est pourquoi nous sommes tous amenés, tôt ou tard, à nous poser les questions suivantes : Quelles valeurs doivent présider à mes choix ? Sur quels principes dois-je agir ? Que dois-je rechercher ou au contraire éviter ?

Si les psychologues ont des vues divergentes sur la façon dont le moi évolue en tant qu'agent moral, tous s'accordent à penser qu'un individu a mené à bien son développement éthique lorsqu'il agit en fonction de ce qui lui semble moral, non plus par conformisme, ni par peur d'une sanction ou de la réprobation de son entourage, mais après avoir pesé le bien et le mal inhérents au problème considéré. Nous retrouvons là encore la question de l'autonomie et de l'individuation. L'obéissance aux règles par imitation correspond à un stade relativement précoce de l'enfance, stade qui doit être ensuite dépassé et transcendé par l'acquisition de la connaissance et de l'autorité.

Cependant, en matière de morale, l'indépendance d'esprit peut nous amener à entrer en conflit avec les préceptes de la société qui nous entoure. Notre jugement personnel nous dictera la compassion lorsque la morale conventionnelle nous incitera à la sévérité, l'indignation quand on attendra de nous l'humilité, la défiance lorsque tout nous incitera à l'obéissance. Nous pouvons nous retrouver en conflit ouvert avec des personnes que nous estimons par ailleurs sur des questions telles que l'avortement, les pratiques sexuelles, l'intervention de l'État dans nos vies, ou tout autre sujet dans lequel nos valeurs morales sont directement impliquées. Alors se pose à nous la question suivante : Resterai-je fidèle à mon jugement ou vais-je me renier pour ne pas me démarquer des autres ? Vais-je préserver ou bien trahir mon autonomie ?

La plupart d'entre nous éprouvent de l'admiration pour ceux qui ont le courage et l'honnêteté de rester fidèles à leurs convictions envers et contre tous. À un niveau plus ou moins conscient, nous *savons* tous que l'indépendance est l'état auquel nous devons aspirer, que nous y parvenions ou pas. Seul un individu autoritaire pourrait contester qu'il vaut mieux se prononcer sur des questions d'ordre moral en toute autonomie plutôt qu'en agissant par conformisme ou par peur. Certes, il peut parfois nous arriver de vouloir confronter notre raisonnement à celui des autres, mais c'est dans un souci d'objectivité, car dès lors que nous fonctionnons en individus autonomes, nous savons que la responsabilité ultime de nos choix et de nos décisions n'appartient qu'à nous. La responsabilité naît donc de l'autonomie.

Être autonome

L'autonomie procède de l'autorégulation : nos actes sont contrôlés et dirigés de l'intérieur, et non par une autorité extérieure.

L'individu est autonome lorsqu'il a atteint à l'autosuffisance matérielle (il assure sa subsistance par un travail productif), intellectuelle (il voit le monde à travers ses propres yeux) et morale (il est à l'écoute de ses signaux intérieurs et se fie aux valeurs qu'il s'est choisies).

L'autonomie n'est pas pour autant l'autarcie totale. Elle ne signifie pas que nous devons vivre sur une île déserte ou agir comme si tel était le cas. Car il est un fait incontestable que nous apprenons sans cesse des autres et que nous nous enrichissons au contact d'autrui. L'homme, je le répète, est une créature sociale. Nous nous influençons tous les uns les autres de multiples manières et nous avons besoin de l'aide d'autrui pour atteindre la plupart de nos buts. Dans l'exposé qui va suivre, *je pars donc du postulat* que nous évoluons tous dans un contexte social.

Cependant, de par sa nature, la conscience est du domaine du privé. Chaque individu porte en lui sa propre expérience du monde. Pour posséder une conscience, nous devons admettre, ne serait-ce que furtivement, dans l'intimité de notre esprit, la réalité incontournable de notre solitude. Nul ne peut penser, agir et vivre à notre place. Nul autre que soi ne peut donner un sens à sa vie.

Certes, à nombre d'égards, nous ne sommes pas seuls. En tant qu'êtres humains, nous sommes liés aux autres hommes, ainsi qu'à toutes les formes de vie et à tout ce qui existe dans l'univers. Nous évoluons au milieu d'un réseau relationnel infini. Mais si nous appartenons tous au même univers, chacun d'entre nous, au cœur de celui-ci, est un minuscule point de conscience isolé, un monde privé et unique.

C'est précisément ce fait qui confère à l'amour son pouvoir et son intensité, qui permet à la fusion de deux êtres de se transformer en extase. Toutefois, nul ne peut aimer dans le sens adulte de ce mot s'il n'a pas accepté la réalité de sa solitude et la responsabilité de sa propre existence. L'amour romantique n'est réservé qu'aux individus matures.

« C'est si difficile de devenir responsable, on se sent tellement seul... C'est effrayant. »

Voilà un constat que j'ai souvent entendu en thérapie, et à mes patients inquiets je réponds ceci : « De quoi avez-vous peur ? D'accepter l'idée que personne ne viendra vous sauver ? Que personne ne vous épargnera la nécessité de penser et d'agir ? Je sais, c'est parfois dur d'intégrer cette réalité. Je sais que vous avez du mal à l'admettre. Pourtant, personne ne viendra, c'est indéniable. Sachant cela, comment pensez-vous résoudre votre problème ? »

Même si nous n'en sommes pas conscients, chaque fois que nous pensons de façon indépendante, nous nous mettons implicitement en prise avec notre solitude. Penser n'est pas une activité sociale. Si nous reconnaissons que nous sommes les seuls maîtres de nos choix et de nos actes, nous faisons inévitablement l'expérience de notre isolement et en cela nous acceptons la responsabilité de notre propre vie. Pour un esprit affirmé, ce processus s'effectue naturellement et sans heurts. Mais pour l'individu qui n'a pas véritablement atteint sa maturité d'adulte, qui manque de confiance dans ses compétences et dans sa valeur, cette responsabilité peut se révéler terrifiante. Voilà pourquoi tant de nous la redoutent. Mais pour sortir de l'enfance, nous devons affronter nos peurs et les dépasser. C'est seulement à ce prix que nous relèverons les défis de la vie avec efficacité et que nous cesserons de nous sentir impuissants face à eux.

L'efficacité

L'« efficacité » est notre capacité à produire le résultat que nous recherchons. Nous y aspirons tous, car elle est l'une des composantes de l'estime de soi.

Regardez le visage radieux d'un enfant lorsque, tapant sa cuillère contre la table, il parvient à produire un son. À chaque martèlement, il affirme qu'il est la cause de cet effet. En cela, il fait l'expérience de son pouvoir et de son efficacité, et il en éprouve de la joie. Cette même joie, nous la connaissons à tous les âges, chaque fois que nous nous sentons efficaces. Soudain, nous sommes contents de nous et la vie nous semble belle, parce que nous avons cessé de nous percevoir comme les victimes désarmées d'un univers hostile et malveillant.

Nous venons à la vie dans un état de totale impuissance. Sans l'aide des autres, nous ne pouvons nous nourrir, nous vêtir ou nous déplacer. Notre survie dépend alors entièrement de ceux qui veillent sur nous. Pourtant, dès notre naissance, notre développement s'oriente naturellement vers l'indépendance et l'efficacité. En grandissant, nous apprenons à nous mouvoir, à nous nourrir par nous-mêmes, à communiquer avec les autres par le langage, à choisir les vêtements que nous porterons, à marcher seuls jusqu'à l'école, à lire, à maîtriser l'arithmétique puis les mathématiques, à comprendre des sujets de plus en plus complexes, comme la physique ou la littérature, à conduire une automobile et à créer notre entreprise ou à remplir un emploi. Autrement dit, nous apprenons à nous prendre en charge et à devenir responsables de nous-mêmes. Pour ce faire, nous développons des compétences et renforçons progressivement notre efficacité. Grandir revient donc à acquérir de nouveaux savoir-faire.

Dans les années 30, apparut une nouvelle méthode d'éducation qui remporta un certain succès auprès des parents, mais qui eut, hélas, des conséquences fâcheuses sur les enfants qui en firent les frais. Cette méthode préconisait de dispenser les soins aux bébés selon des horaires entièrement déterminés par les adultes. Elle interdisait aux parents de prendre leur enfant dans leurs bras lorsqu'il criait ou pleurait. S'ils s'étaient assurés que le nourrisson n'était pas malade, ils devaient ne pas prêter la moindre attention à ses cris afin de ne pas le rendre capricieux. Plus tard, il fut observé que les bébés élevés selon ces préceptes tendaient à ne pas développer le goût des contacts sociaux ; leurs interactions avec les autres enfants et avec les adultes étaient mauvaises et ils étaient souvent passifs. Ils n'avaient jamais appris que, par leurs actes, ils pouvaient produire un effet chez un autre individu. Ils ignoraient qu'ils avaient le pouvoir de provoquer une réaction chez leurs parents. N'ayant jamais eu l'occasion de faire l'expérience de cette forme d'efficacité, ils se trouvèrent dépourvus, en grandissant, de cette confiance en soi que confère l'exercice de son propre pouvoir. Ainsi, pour nous développer de façon harmonieuse, nous devons découvrir que nous éprouvons des besoins et apprendre à agir afin de les satisfaire.

Lorsqu'un enfant décide qu'il traversera sa chambre, il acquiert la compétence pour le faire. Quand il veut exprimer ses pensées et ses sentiments, il acquiert les compétences linguistiques qui lui font défaut. Le désir est donc l'un des principaux moteurs de notre développement. Notre croissance procède non seulement d'une maturation de notre cerveau et de notre corps, mais elle dépend aussi de notre *volonté à progresser*.

L'un de mes patients se demandait un jour à voix haute pourquoi il n'était pas devenu un adulte plus indépendant. En l'entendant, je lui demandai s'il avait jamais fait de l'indépendance l'un de ses buts, et il me répondit que non. « Ceci explique cela », lui suggérai-je alors.

Si l'efficacité tient à notre capacité à satisfaire nos besoins et à atteindre nos buts, alors elle est indispensable à notre bien-être. Ce que je voudrais souligner, c'est que l'individuation est indissociable des progrès de notre efficacité. Apprendre à réfléchir, à relever des défis, à gérer des situations nouvelles ou inhabituelles, à élargir le champ de nos compétences, tout cela détermine ce que nous sommes capables de faire et, par voie de conséquence, ce que nous sommes. Par l'apprentissage, nous continuons à nous construire tout au long de notre vie.

Le sens des responsabilités

À mesure que nous gagnons en efficacité et que nous devenons plus aptes à surmonter les épreuves de la vie, prendre nos responsabilités devient un exercice de plus en plus facile. Et réciproquement, en étant plus responsables, nous devenons plus efficaces.

À ce propos, une vieille blague me revient en mémoire : une dame très fortunée descend de sa limousine. Elle est bientôt suivie de son fils, âgé d'une dizaine d'années, qui est assis sur un large coussin porté par quatre serviteurs. Un passant dit à la dame :

— Oh, le pauvre ! Il ne peut donc pas marcher ?

À quoi la dame répond d'un air hautain :

— Bien sûr qu'il peut marcher ! Mais, grâce à Dieu, il n'en a pas besoin.

Dans la vie réelle, nul n'est jamais totalement incapable de prendre ses responsabilités. Si nous ne nous engagions jamais dans aucune action pour notre propre compte, nous ne pourrions exister. L'individu le plus passif, le plus dépendant, se montre nécessairement responsable dans certains domaines ou à certains moments. En d'autres termes, nous acceptons tous, à l'occasion, d'être la cause des effets que nous recherchons.

La découverte de ses possibilités est l'un des plus grands plaisirs qu'éprouve l'enfant. Si ses accomplissements sont considérés par les adultes non comme des obligations, mais comme un signe de maturité, l'enfant s'exclamera avec fierté : « Je sais lacer mes chaussures ! », « Je sais débarrasser la table ! » « Je sais réciter l'alphabet ! » Tous ces exemples nous montrent combien le sens des responsabilités est étroitement lié à l'efficacité. C'est comme si la nature, au moment de notre naissance, nous donnait l'impulsion nécessaire en associant ces expériences à la joie, à la satisfaction et à la fierté. Par la suite, nous continuons à progresser automatiquement et sans effort dans la voie qui nous a été ouverte.

Mais si l'enfant se voit déposséder par l'adulte des choix et des décisions le concernant, s'il ne peut plus avoir ni attentes ni responsabilités, il y a fort à parier qu'il restera emprisonné dans sa dépendance, et que, ne pouvant acquérir les compétences propres à son âge, il ne se développera pas comme un individu à part entière. À l'inverse, si l'on attend trop de lui, et trop tôt, s'il est accablé par des exigences dépassant ses aptitudes, il sombrera dans la passivité et dans le défaitisme. Dans l'un et l'autre cas, il sera devenu incapable de prendre ses responsabilités.

Si les parents comprennent que leur enfant est naturellement enclin à évoluer vers l'autonomie, et s'ils acceptent d'apporter leur appui à ce processus, alors ils l'aideront à développer ses compétences et son sens des responsabilités en donnant la primauté, dans leurs relations avec lui, à la coopération sur l'obéissance. Ils s'efforceront de stimuler sa réflexion et lui apprendront à analyser les liens de causalité entre ses actes et leurs conséquences. Ils créeront cet environnement de respect, de sécurité et de confiance dans lequel sa personnalité pourra se développer harmonieusement. S'ils recherchent toutes les occasions de proposer à leur enfant des choix et des décisions adaptés à son âge, ils développeront chez lui le sens des responsabilités. Par exemple, ils lui assigneront des tâches ménagères — débarrasser la table, sortir la poubelle ou ramasser l'herbe dans le jardin —, qui lui donneront le sentiment d'être un membre à part entière de la famille. Ils lui enseigneront les vertus de la persévérance et le féliciteront pour ses accomplissements et pour les responsabilités qu'il prendra. Enfin, ils exprimeront leur confiance dans ses capacités et dans sa valeur.

Qu'est-ce que la maturité ?

Nous sommes tous plus ou moins conscients du fait que la prise de responsabilité accompagne naturellement notre entrée dans l'âge adulte. J'en veux pour preuve notre propension à qualifier certains comportements d'« infantiles ».

Par exemple, si dans un couple survient un conflit et que chacun reste à bouder dans son coin en attendant passivement que l'autre agisse, nous aurons tendance à qualifier ce comportement d'infantile, parce que ce couple refuse de prendre la responsabilité de trouver une solution au problème qui lui est posé. Si une femme de vingt ans continue de laisser sa mère prendre pour elle des décisions importantes, nous dirons d'elle qu'elle se conduit encore comme une enfant. Si un homme se refuse à assumer la responsabilité de ses actes et se réfugie sans cesse derrière de mauvaises excuses, nous dirons de lui : « Oh, il ne grandira jamais », parce que, à nos yeux, ce qui caractérise un adulte, c'est son engagement à se tenir pour responsable de ce qu'il fait. Si une femme s'en remet aveuglément à un étranger pour gérer l'argent qu'elle a reçu en héritage et que, cet argent envolé, nous l'entendons se lamenter, nous aurons tendance à penser qu'elle n'a que ce qu'elle mérite pour avoir agi comme une gamine. Si nous voyons un homme craindre de donner son opinion sur un sujet avant de savoir ce qu'en penseront ses supérieurs hiérarchiques, nous le considérerons comme immature, parce que, pour nous, un adulte doit être capable d'indépendance d'esprit. Si nous voyons une femme se laisser dominer par sa soif d'attentions et de flatteries tout en se montrant incapable d'assumer sa part de responsabilité dans ses relations avec les autres et de donner à son entourage ce qu'elle attend pourtant de lui, nous penserons d'elle qu'elle est aussi narcissique qu'un bébé, parce que la dépendance absolue est un état que nous associons à la prime enfance. Ou encore, dans un autre ordre d'idées, si nous disons d'un gouvernement qu'il est paternaliste, c'est parce que nous pensons que, par ses agissements, il sape et pénalise le sens des responsabilités chez les citoyens, tandis qu'il récompense la passivité. En résumé, je dirai que le sens des responsabilités est toujours associé à l'âge adulte et son absence à l'état de dépendance qui caractérise la petite enfance.

La question du libre arbitre

De nombreux facteurs interviennent dans notre développement. Notre hérédité, bien sûr, mais aussi notre expérience personnelle de notre naissance et la nature des relations que nous tissons en grandissant avec les personnes qui nous entourent. Il existe cependant un autre facteur, souvent méconnu. Je veux parler du *rôle créatif que nous jouons nous-mêmes dans notre histoire*.

Nous ne sommes pas une boule d'argile inerte que la biologie, les événements ou les autres peuvent modeler à leur guise. Toutes les tentatives pour expliquer l'individu par une approche uniquement biologique ou environnementale se sont toujours soldées par un échec. Car aucune ne tenait compte de la contribution mystérieuse et imprévisible de l'individu concerné. Nous sommes tous des acteurs de notre vie. Nous sommes confrontés à des choix et les options que nous prenons sont déterminantes. Ceci est le thème central de mon précédent ouvrage, *Les Six Clés de la confiance en soi* [1].

Dans le deuxième chapitre de ce livre, je traiterai

1. Nathaniel BRANDEN, *Les Six Clés de la confiance en soi*, Éd. J'ai lu, coll. « Bien-être », n° 7091.

plus en détail de la question du choix et de la responsabilité ; toutefois, j'aimerais d'ores et déjà souligner qu'il nous est plus facile d'agir en individus responsables si cette attitude correspond à l'image que nous avons de nous-mêmes et aux attentes de notre entourage. Autrement dit, pour que nous puissions évoluer vers elle, l'autonomie doit être une *valeur* dans notre système philosophique personnel, mais aussi dans notre culture. Si tel n'est pas le cas, si notre milieu social affiche le plus grand mépris pour les valeurs associées à l'état d'adulte, telles que l'exercice d'un travail productif, la capacité à différer nos gratifications ou la faculté de réfléchir et d'élaborer des plans à long terme, nos chances d'atteindre une certaine maturité se trouveront réduites, et nous entrerons dans la vieillesse sans avoir dépassé le stade de l'adolescence. Ainsi, sens des responsabilités, autonomie et maturité sont plus sûrement conquis lorsqu'ils sont érigés en *valeurs* et choisis comme *objectifs conscients*.

Encore une fois, nos valeurs et nos objectifs sont le moteur et l'axe directeur de notre développement. Nous construisons notre identité et acquérons notre efficacité *à travers les responsabilités que nous sommes prêts à assumer*.

Je voudrais à présent définir plus précisément ce que j'entends par « sens des responsabilités ». Si je me proclame responsable de mes actes, de mes décisions, de mon niveau de conscience, de l'estime que j'ai de moi, de la façon dont je traite mon corps, de mon développement spirituel, des valeurs qui guident ma vie, du choix de ma compagne et de mes amis, que faut-il exactement comprendre ? Que j'exerce un contrôle total sur ma vie ? Que je nie la réalité des influences extérieures ? Que je ne peux être affecté par des phénomènes échappant à mon contrôle ? Ou encore que je fonctionne en autarcie et que je n'ai besoin de personne pour me réaliser ? Ce sont là des questions importantes dont il nous faut tenir compte.

En fait, la problématique est simple. Elle met en opposition deux concepts : celui de la responsabilité, qui présuppose l'existence d'un certain libre arbitre, et celui de l'irresponsabilité, qui repose sur l'idée que nous sommes tous psychologiquement aliénés et que nos croyances, nos actes et nos valeurs sont déterminés par des facteurs échappant à notre contrôle, à savoir notre hérédité et le « conditionnement » que nous subissons dès l'enfance.

2

Responsabilité et liberté

Celui qui veut devenir responsable doit tout d'abord admettre qu'il est, au bout du compte, le seul maître de sa vie. Nulle autre personne sur la terre n'est là pour le servir, prendre soin de lui et satisfaire ses besoins. Cela signifie qu'il doit trouver en lui la volonté de produire les causes des effets qu'il recherche et que, s'il a besoin des autres pour arriver à ses fins, il doit en contrepartie leur offrir des raisons de coopérer avec lui qui iront dans le sens de leurs intérêts, ses exigences seules ne pouvant s'imposer à quiconque sans cette contrepartie.

Tout au long de sa vie, chacun de nous a le choix d'agir avec plus au moins de lucidité. Le niveau de conscience avec lequel nous abordons les questions qui se posent à nous est donc du domaine de notre responsabilité. La réflexion, tout comme l'absence de réflexion, est le résultat d'un choix personnel. Je me dois de réfléchir aux conséquences de mes actes et d'en assumer la pleine responsabilité, même si, au moment où j'agis, j'ignore encore quelles seront ces conséquences.

En outre, je suis responsable des rapports que j'entretiens avec mon entourage, partenaire, enfants, amis et collègues. Si j'adopte envers eux un comportement destructeur, je ne peux me dédouaner en prétendant que ce sont eux qui m'ont obligé à agir de la sorte. Je ne peux abandonner mon pouvoir aux autres, pas plus que je ne peux me tromper moi-même en prêtant à autrui un ascendant sur moi qu'il n'a pas en réalité.

Exercé avec cohérence, le sens des responsabilités implique que j'assume pleinement les idées et les valeurs en vertu desquelles je dirige ma vie. Je dois faire preuve d'une indépendance d'esprit qui se manifeste par ma volonté de penser et d'agir par moi-même et selon mon propre jugement. Certes, je ne renonce pas à apprendre des autres, mais je ne leur confère aucune autorité sur ma conscience, et surtout je ne suis pas aveuglément des préceptes que je ne comprends pas ou avec lesquels je suis en désaccord. En un mot, je ne vis pas par procuration.

Par ailleurs, si j'accepte le principe de ma propre responsabilité, j'admets que mon bonheur est mon affaire personnelle, qu'il n'est pas un dû que je peux réclamer à quiconque. Dans une relation amoureuse, je veux *partager* mon bonheur, non pas attendre de l'autre qu'il me « rende » heureux.

Tout comme le bonheur, l'estime de soi ne peut nous être donnée par autrui.

En résumé, je suis responsable de ma vie, de mon bien-être et de mes actes *dans tous les domaines qui m'offrent une liberté de choix*.

Les limites de la responsabilité

Pour connaître l'étendue de mes responsabilités, je dois en définir les limites. Je dois savoir ce qui est et ce qui n'est pas de mon ressort.

Je ne suis responsable que de mes propres choix, et non de ceux d'autrui. Même si j'ai le pouvoir d'influencer un autre esprit, je ne peux contrôler que le mien. Et j'admets mon incapacité à déterminer ce que pensera, ressentira ou fera une autre personne que moi.

En me tenant pour responsable de faits qui échappent à mon contrôle, je m'expose inévitablement à voir mes attentes déçues. Je mets donc en péril l'estime que j'ai de moi, au même titre qu'en refusant d'assumer des responsabilités qui m'incombent.

À ce propos, je voudrais donner l'exemple de l'une de mes patientes. Marge L. était un brillant cadre dans une entreprise. Son équipe était très importante à ses yeux et elle faisait tout ce qui était en son pouvoir pour la motiver et en tirer le meilleur. Elle me parlait souvent d'une jeune femme en qui elle devinait un immense potentiel. Hélas, cette collaboratrice accumulait les histoires d'amour désastreuses qui occupaient continuellement ses pensées et nuisaient à son travail. Pendant un temps, Marge essaya de l'aider, mais ce fut en pure perte. Quand elle fut contrainte de se séparer de cette jeune femme, elle se sentit très coupable et se reprocha de n'avoir pas trouvé un moyen de la sauver. Si elle avait été un bon manager, se disait-elle, elle n'aurait pas échoué. Mais en l'occurrence, si Marge s'était trompée, c'était dans l'appréciation de ses propres limites. Se croyant infaillible et omnisciente, elle mettait son estime de soi à la merci des autres et mesurait sa propre valeur à l'aune de leurs choix.

Voilà un mode de fonctionnement très répandu, notamment entre parents et enfants. Nombre de parents, pensant avoir agi au mieux selon leur conscience, se sentent coupables lorsque leurs enfants se détournent de la route qui leur a été tracée. Or, ces parents-là se sont, à tort, crus investis d'un pouvoir que nul ne peut prétendre posséder : celui de diriger les choix d'un autre être humain. Si l'individuation est importante pour les enfants, elle l'est tout autant pour leurs parents. Il faut qu'une séparation soit faite et acceptée de part et d'autre. Les parents comme les enfants doivent apprendre où se termine leur moi et où commence celui de l'autre.

On retrouve aussi ce schéma entre époux. C'est une femme qui se désespère parce que, malgré tous ses efforts, son mari continue à boire. Ou bien un mari culpabilise, parce que, quoi qu'il fasse, sa femme reste dépendante des tranquillisants. « Si seulement je savais quoi dire ou quoi faire ! » se disent probablement ces gens, croyant détenir un pouvoir absolu et convaincus que leur échec n'est qu'une affaire d'approche. Ils admettent le libre arbitre pour eux-mêmes mais le dénient à leur partenaire. En fait, ils n'acceptent pas les limites qui séparent un être humain d'un autre.

Mais si nous devons renoncer à exercer un contrôle sur l'esprit et la vie de ceux qui nous entourent, nous devons aussi apprendre à cerner les limites de notre influence sur notre propre destin. Libre arbitre ne signifie pas omnipotence. Certes, c'est une force, mais elle n'est pas la seule à diriger notre vie. Nous subissons tous, à un moment ou à un autre, l'influence de forces extérieures, qu'elles soient politiques, économiques ou génétiques, sur lesquelles nous n'avons pas de prise. Nous avons le choix de la réponse que nous offrons à ces forces, mais aucune influence sur leur réalité. Prenons un exemple simple : en période de récession, nous ne décidons pas d'être licenciés par notre employeur. En revanche, nous pouvons choisir ce que nous ferons ensuite : chercher un autre travail, suivre une formation, créer une entreprise, sombrer dans le désespoir et dans l'alcoolisme... Dans son livre *Découvrir un sens à sa vie* [1], Viktor Frankl dépeint l'héroïsme spirituel dont l'être humain est capable et montre que cette liberté de choix subsiste, même dans l'enfer d'un camp de concentration nazi.

De fait, de terribles malheurs peuvent s'abattre sur

1. Viktor FRANKL, *Découvrir un sens à sa vie*, Les Éditions de l'Homme.

nous sans que nous puissions rien faire pour les éviter. Et parfois, nos choix sont très limités.

Si j'insiste sur ce point, c'est parce que certains partisans trop exaltés de la responsabilité font mauvaise presse à cette idée en proclamant que l'individu est responsable de tout ce qui lui arrive et qu'il crée lui-même sa propre réalité. Or, lorsque je demande à ces gens si un enfant brûlé au napalm dans une zone de combat est responsable de son infortune, la réponse que j'obtiens est toujours la même : un *oui* prononcé sans la moindre hésitation. De la même façon qu'une monnaie perd de sa valeur lorsqu'elle circule en trop grande abondance, l'idée de la responsabilité perd de son sens lorsque des déclarations plus extravagantes les unes que les autres sont faites en son nom. À mon avis, cette surenchère n'a pas d'autre but que de compenser notre profond sentiment d'impuissance et elle n'est que l'expression d'un désir de contrôle illimité sur l'univers qui nous entoure. Mais en termes d'efficacité réelle, dans un monde réel, il est bien plus important de comprendre qu'il faut obéir à la nature pour lui commander, que de se dire : « Je suis le créateur de ma propre réalité. » Cependant, une telle efficacité ne peut être atteinte qu'en reconnaissant les faits, en définissant sa propre identité et en cernant ses propres limites. (Nous pouvons certes faire une appréciation erronée de nos limites, mais il s'agit là d'un autre débat.) Contrairement à ce que d'aucuns prétendent, il est faux de croire que nous pouvons jouir d'un pouvoir illimité et que « toute chose devient possible dès lors que nous croyons à sa réalité ». Combien de gens sont morts d'avoir ainsi « cru » que leur prochain *shoot* d'héroïne serait sans danger ou qu'ils étaient capables de voler, sous les effets du L.S.D. Pour qu'elle ait un sens, l'idée de responsabilité doit être fondée sur la réalité, et non sur l'illusion.

Enfin, je voudrais insister sur le fait que le sens des

responsabilités, tel que je le conçois, n'implique ni culpabilisation ni condamnation morale. Il n'est qu'un *agent de causalité*. « Je suis la cause de mes choix, de mes décisions et de mes actes et j'en assume l'entière responsabilité. » Pour citer Aristote, je dirais que « le principe du mouvement réside dans notre âme ». Que, dans certains cas, il soit justifié de blâmer quelqu'un d'autre pour les malheurs qui nous frappent est une autre question sur laquelle je reviendrai. Mais, je le répète, la responsabilité est en soi une notion dénuée de toute connotation morale.

Libre arbitre et conscience

L'exercice de la responsabilité implique un certain libre arbitre, c'est-à-dire une sphère dans laquelle il existe une liberté de choix.

Dans mes précédents livres, j'ai déjà abordé la question du libre arbitre et des contradictions inhérentes au déterminisme. Aussi me contenterai-je ici de reprendre quelques idées essentielles de ce débat.

À la base, notre liberté psychologique se définit par notre pouvoir à régler notre niveau de conscience. Elle peut se résumer à un choix entre conscience et inconscience, que cette dernière soit délibérée ou non. Confrontés à des faits requérant notre attention, nous pouvons choisir d'éveiller notre esprit, de donner plus de puissance au faisceau lumineux de notre conscience, ou au contraire de rester passifs, voire de fuir toute conscience et d'occulter complètement une réalité que nous refusons de voir.

À chaque instant, nous sommes placés devant ce choix. Dans n'importe quelle situation, il nous appartient de décider du niveau de conscience que nous lui accorderons. Quelle que soit l'option prise, nous en sommes la cause. En cela réside notre libre arbitre.

Pour illustrer mon propos, j'ai choisi quelques exemples tirés du quotidien :

• Ma femme me parle d'un événement qui l'a blessée ou chagrinée. Vais-je l'écouter avec un réel désir de la comprendre ? Ou bien d'une oreille distraite, tout en pensant à mon travail ? Ou encore serai-je plus occupé à préparer ma défense qu'à véritablement saisir son point de vue ?

• Mon responsable hiérarchique me donne ses instructions. Accorderai-je toute mon attention à ce qu'il ou elle me dit ? Ou choisirai-je de demeurer dans un brouillard mêlé d'ennui et d'animosité sous le prétexte que je ressens comme une contrainte l'effort mental qui m'est demandé ?

• Je rencontre une personne qui me plaît et avec qui j'ai envie de construire une relation. Je pense que nous sommes faits l'un pour l'autre, mais en même temps je remarque dans son comportement des détails qui me dérangent et ne correspondent pas à ce que j'attends d'un partenaire. Vais-je éveiller ma conscience pour mieux analyser ces détails ? Ou au contraire chercher à faire taire la voix qui parle en moi ?

• Je suis au volant de ma voiture et je pense avec colère à une dispute que je viens d'avoir avec l'un de mes enfants. Vais-je concentrer toute mon attention sur ma conduite qui est, dans la situation présente, ma première responsabilité ? Ou bien, tout occupé à ruminer mon ressentiment, vais-je me comporter en fou du volant ?

• Je suis médecin et l'une de mes malades me décrit ses symptômes. Pour une raison que je n'ai jamais cherché à analyser, j'ai tendance à me montrer impatient avec les femmes et à ne pas leur accorder toute l'attention qu'elles méritent. Vais-je écouter attentivement ce que me dit cette patiente ? Ou vais-je, par réflexe, lui prescrire du Valium ?

• Je suis P.-D.G. d'une société qui a perdu beaucoup de ses parts de marché depuis quelques années. Vais-je admettre que la politique pratiquée naguère n'est plus adaptée aux réalités du marché ? Ou bien ferai-je taire ma conscience et continuerai-je à me persuader que les choses finiront par s'arranger ?

• J'entends de nouveaux arguments qui bousculent mes idées politiques et qui me laissent perplexe. Vais-je les analyser avec toute la rationalité dont je suis capable ? Ou bien vais-je les effacer de mon esprit par paresse intellectuelle ou peut-être par crainte de me remettre en question ?

Dans toutes les situations que je viens d'évoquer, l'individu est libre de décider de son niveau de conscience. Il a le choix de réfléchir ou de ne pas réfléchir. Mais quelle que soit l'option prise, il en est la cause et le responsable. Tout comme il est responsable du comportement qu'il adoptera dans chaque situation, que ce comportement soit le fruit de sa réflexion ou de son absence de réflexion.

Je suis responsable du niveau de conscience que j'investis dans mon travail, dans mes relations avec les autres et, en général, dans toute activité que j'entreprends.

C'est là que débute le sens des responsabilités — ou leur évitement —, le point essentiel étant que notre esprit, s'il est l'outil primordial de notre survie, n'est pas systématiquement utilisé. Nous pouvons chercher à comprendre ou éviter de comprendre ; respecter les faits ou les occulter ; agir de façon rationnelle ou irrationnelle, avec lucidité ou avec aveuglement ; ouvrir nos yeux ou les fermer.

L'être humain est ainsi fait qu'il peut prétendre agir au nom de certaines valeurs tout en se laissant guider par d'autres. Nous pouvons dire d'un mode d'action qu'il est rationnel, moral et sage, puis adopter une conduite contraire à la raison. Qui d'entre nous ne s'est jamais dit, comme Scarlett O'Hara, « je penserai à cela demain » pour chasser de son esprit le sujet de ses préoccupations ? Nous avons la faculté de surveiller notre comportement et de nous demander s'il est cohérent avec ce que nous savons, ce que nous croyons et ce que nous espérons, ou au contraire nous pouvons éviter de nous poser la moindre question. Ce choix de notre niveau de conscience est de la plus grande importance sur la vie que nous nous créons.

C'est un problème qui transcende toutes les frontières culturelles et sociales. Dans toutes les cultures, dans toutes les classes sociales, nous trouverons des gens agissant avec un certain niveau de conscience ou, au contraire, sans conscience aucune. Comprendre que, en tant que mode de vie, la lucidité est préférable à l'aveuglement est à la portée de chacun de nous, quel que soit son milieu, son origine et son niveau d'éducation.

Le déterminisme

Le XXe siècle a connu un nouveau développement de l'idée selon laquelle notre liberté n'est que chimère, notre vie étant déterminée par des forces extérieures qui échappent à notre contrôle. Parmi les défenseurs de cette théorie qui prit le nom de « déterminisme psychologique », les plus célèbres furent Karl Marx et Sigmund Freud. Or, ces deux penseurs ont calqué leur philosophie sur la société du XIXe siècle, et donc sur une vision du monde aujourd'hui complètement dépassée.

Pour Marx, nous sommes psychologiquement captifs de notre classe au sens économique du terme. Nos pensées et nos actes sont déterminés par des facteurs matériels qui sont eux-mêmes liés au rôle que nous jouons dans le système de production. Dans sa théorie, les comportements humains étant entièrement expliqués par des phénomènes économiques, le libre arbitre n'existe pas.

Pour Freud, nous sommes psychologiquement captifs de nos instincts et d'une problématique qui trouve son origine dans notre prime enfance. Nos pensées et nos actes sont déterminés par notre inconscient. Nous sommes un champ de bataille sur lequel des pulsions aveugles et primitives, intrinsèques à notre nature, affrontent les préceptes moraux qui nous ont été inculqués par nos parents, tandis que notre moi lutte pour concilier ces revendications conflictuelles avec les exigences de la réalité. Mais dans cette guerre sans merci, l'inconscient l'emporte toujours. Le libre arbitre, aux yeux de Freud, est donc une illusion. « L'homme est dirigé par son inconscient, écrit-il. La croyance profondément ancrée en nous en une liberté psychique n'a aucun fondement scientifique et doit s'effacer devant les exigences d'un déterminisme régissant notre vie mentale. »

Dans les théories de Marx et de Freud, transparaît la métaphysique d'un XIXe siècle profondément marqué par les doctrines du mécanisme et du matérialisme. Subissant cette influence, le monde scientifique d'alors se mit à tout expliquer en termes de mouvement. Un mouvement futur pouvait être entièrement prévu par l'analyse d'un mouvement passé, pourvu que l'on disposât des informations suffisantes. Pour Freud, toute la psychologie serait un jour réduite à la physiologie. Et le monde scientifique était persuadé à l'époque que la physiologie serait un jour réduite à la physique. On le voit bien, un tel schéma ne laisse aucune place au libre arbitre, non plus qu'à la responsabilité individuelle.

Pourtant, personne, et Freud pas plus que les autres savants de son siècle, ne put jamais élaborer un système cohérent à partir de cette théorie. D'ailleurs, à l'automne de sa vie, Freud écrivait : « [La tâche du thérapeute est] de donner au moi de son patient la liberté de choisir la voie qu'il prendra. »

Mais de quelle liberté parle-t-il donc ici ? Dans un univers entièrement soumis au déterminisme, aucune liberté ne peut exister, que ce soit avant ou après une psychothérapie. Or, pour devenir un système cohérent, la théorie psychanalytique devait passer sous silence ce fait incontestable. Encore de nos jours, certains analystes orthodoxes se torturent les méninges pour ne pas avoir à faire face à cette incohérence.

Marx et Freud, tous deux animés par le désir de changer radicalement la société, ne craignaient pas de contredire leurs positions officielles, pourvu que ce fût pour la bonne cause. Il n'en demeure pas moins que le matérialisme et le déterminisme sont à la base de ces deux systèmes de pensée. Alors que la physique a depuis longtemps mis au rebut le mécanisme et le matérialisme, jugés parfaitement inadéquats à décrire les phénomènes de la nature, nous constatons que ces doctrines continuent d'exercer leur influence sur la psychologie et la sociologie.

Aux États-Unis, B.F. Skinner fut le psychologue le plus célèbre du XXe siècle, et sa théorie, inspirée du béhaviorisme, est un monument à la gloire du matérialisme tel qu'il fut pensé au XIXe siècle. Dans son livre *Par-delà la liberté et la dignité* [1], il affirme que libre arbitre et responsabilité individuelle ne sont que superstitions appartenant à un âge préscientifique. Il imagine un monde dans lequel l'individu serait « conditionné » à se comporter de la façon préconisée par une élite éclairée.

Deux arguments doivent être opposés au détermi-

1. Burrhus Frederic SKINNER, *Par-delà la liberté et la dignité*, Hurtubise HMH.

nisme psychologique, qu'il soit justifié par un système de pensée marxiste, psychanalytique ou béhavioriste. Le premier est qu'il n'est corroboré par aucune expérience scientifique et que, de fait, il demeure un acte de foi. Le second est que nul n'est parvenu à l'ériger en système sans se contredire, et je vais brièvement expliquer pourquoi.

Dans toutes les formes qu'elle a pu revêtir, la vision déterministe de l'esprit présuppose que tout est régi par des forces échappant au contrôle de l'individu. Partant de ce postulat, le fait que cet individu pense ou non, soit lucide ou non, n'a aucune importance, car à tout moment et en toutes circonstances son mode de fonctionnement mental n'est que le produit d'une chaîne sans fin de facteurs antécédents.

Pourtant, des idées fausses peuvent nous venir à l'esprit. Une pensée ne devient pas juste par le simple fait qu'elle surgisse dans notre cerveau. Dès lors, si nous ne sommes pas libres de confronter ces idées à la réalité pour les valider ou les rejeter, et si ces idées sont déterminées par des facteurs qui peuvent être étrangers à toute raison et à toute logique, alors nous ne pouvons jamais savoir si nos conclusions sont justes ou fausses.

La connaissance, c'est l'identification correcte des faits. Or, pour savoir si ce que nous pensons est juste, nous devons pouvoir comparer nos conclusions à la réalité afin de mettre au jour d'éventuelles contradictions. En cela réside tout le processus de notre raisonnement. Mais valider nos conclusions en fonction de la réalité n'est possible que si notre jugement est libre. Sans cette liberté, nous sommes incapables, en toute logique, de justifier aucune de nos croyances et nous pouvons seulement prétendre que nous sommes enclins à croire ce que nous croyons.

Le déterminisme psychologique repose donc sur un sophisme : les convictions politiques d'un individu étant inévitablement déterminées par celles de ses parents, alors je sais que mes opinions sont justes car je ne saurais en avoir d'autres. Si la première proposition de ce raisonnement est vraie, il devient logiquement absurde de formuler la seconde.

De même, si l'on prétend que toutes les croyances et les opinions d'un individu sont déterminées par des facteurs échappant à son contrôle, alors on ne peut prétendre à la connaissance sans qu'il y ait contradiction logique.

Une doctrine qui nie toute possibilité de connaissance ne peut en aucun cas constituer la base d'un débat d'idées, qu'il soit scientifique ou non.

Le déterminisme et la loi

En matière de droit, la doctrine déterministe a donné naissance à un système de défense fondé sur la responsabilité diminuée, voire sur l'irresponsabilité de l'accusé. Pour l'essentiel, cette défense consiste à prétendre que l'accusé était, au moment des faits, sous l'empire d'un trouble mental et qu'il ne pouvait par conséquent agir autrement. Or, que fait le déterminisme sinon proclamer que nous sommes tous dans la condition de cet accusé ? Si personne n'est jamais responsable de rien, pourquoi réserver un traitement spécial aux personnes souffrant de troubles mentaux ? Car ces gens-là sont certes dans l'incapacité de contrôler leur comportement, mais pas plus que n'importe qui. Nous voyons bien qu'un tel système de défense n'a de sens que si l'on part du principe que la condition normale d'un être humain est la liberté de choix. Implicitement, donc, il établit que l'être humain est normalement responsable de ses actes pour en déduire que l'accusé n'était pas dans un état normal au moment des faits.

La thèse de l'impulsion irrésistible ne peut être invoquée que s'il existe des impulsions auxquelles nous pouvons résister. Or, le déterminisme implique que toute impulsion est par définition irrésistible et que nous n'agissons jamais librement. Ainsi, un système de défense reposant sur l'irresponsabilité supposée de l'accusé ne peut être que fallacieux puisqu'il n'est pas appliqué à tous.

Je ne cherche pas à contester qu'il existe de réelles différences entre l'état mental d'un individu psychotique ou perturbé et celui d'un individu considéré comme normal. Ce serait nier l'évidence. Cependant, le déterminisme ne peut servir à justifier un système de défense tel que je viens de le décrire puisqu'il établit que nul n'est responsable de ses actes.

Le déterminisme et la politique

Le débat qui oppose libre arbitre et déterminisme a de nombreuses répercussions aux plans politique et social. Dans ces deux domaines aussi, le déterminisme qui dénie à l'individu la liberté de ses actes révèle des incohérences que ses partisans passent volontiers sous silence.

En effet, pour eux, cette doctrine est moins une conviction qu'une arme dont ils se servent pour protéger certaines populations en laissant au reste de la communauté la pleine responsabilité de ses actes.

Dans la théorie marxiste, par exemple, les classes dominantes sont autant prisonnières des forces économiques historiques que les prolétaires. Elles aussi sont contraintes de jouer le rôle qui leur est imparti par les facteurs matériels de la production. Mais dans la réalité, cette catégorie sociale est vilipendée par les ennemis du capitalisme, alors que les travailleurs sont invariablement regardés comme des victimes innocentes dans l'analyse de tous les conflits sociaux. Si un gréviste détruit une machine, met le feu à un bâtiment ou moleste quelqu'un, des voix s'élèvent pour le défendre en arguant qu'il a agi ainsi sous la pression de l'exploitation qu'il subissait. On lui trouve toutes les excuses. En revanche, les intellectuels marxistes ne font jamais montre de la même compassion envers ceux qui détiennent les moyens de production. Pourtant, dans la doctrine qu'ils défendent, bourgeois et prolétaires ne font que subir l'influence des forces du matérialisme historique.

Ce double langage n'est pas le seul apanage des partisans du marxisme. En effet, les préceptes de Karl Marx ont à ce point infiltré notre pensée que beaucoup de gens qui n'ont jamais lu ses livres continuent de réagir par des réflexes marxistes, alors même que cette doctrine est mise au rebut de l'Histoire.

Qu'un émeutier, dans une banlieue défavorisée, vienne à piller des magasins ou à agresser un passant, il sera immédiatement disculpé sous le prétexte qu'il est un opprimé et ne peut donc s'empêcher de violer les droits d'autrui. Mais si un policier blesse un délinquant, son supposé conditionnement social ne sera pas invoqué à sa décharge. Au contraire, les défenseurs des émeutiers seront en première ligne pour exiger qu'il soit sévèrement puni.

En théorie, nous sommes tous les victimes de circonstances qui nous échappent, mais en pratique, certains sont « plus victimes » que d'autres. L'absence de responsabilité est un privilège qui n'est pas accordé à tous dans les mêmes proportions.

Si une femme battue décide de rester avec son mari parce qu'elle redoute d'affronter seule le monde extérieur, jusqu'au jour où elle le tue ou le fait tuer, ses avocats prétendront qu'elle n'avait pas le choix et ne pouvait agir autrement. En revanche, si un homme est battu par sa femme (ce qui est un fait courant, même s'il est encore mal connu), mais qu'il choisit de rester avec elle jusqu'au jour où, excédé, il la tue, personne n'osera prétendre, pour le disculper, qu'il n'avait pas d'autre solution.

Pour ceux qui les considèrent comme des victimes, les femmes ne sont pas responsables de leurs actes. Seuls les hommes le sont. Les femmes ne peuvent être punies pour avoir porté atteinte aux droits d'une autre personne, contrairement aux hommes. Elles sont les prisonnières impuissantes d'un conditionnement social, alors que les hommes sont libres et, par conséquent, tenus pour entièrement responsables de leurs actes. Pour un même délit, la justice ne punira pas de la même façon un homme et une femme.

Pour bénéficier de tous les avantages garantis par le déterminisme psychologique, un individu doit apporter la preuve de son oppression. Il n'est donc pas surprenant de voir nos sociétés se diviser en groupuscules cherchant tous à faire valoir sur les autres la supériorité des préjudices qu'ils subissent.

La solution à ce problème ne réside pas dans une absolution générale fondée sur l'idée que nul n'est responsable de rien, mais dans un rejet total du déterminisme dans toutes ses manifestations politiques. C'est à ce prix que nous construirons une culture dans laquelle chaque individu sera responsable de ses choix et de ses actes et tenu pour tel par les autres membres de la société, hors, bien sûr, de toutes circonstances limitant cette responsabilité, mais qui devront demeurer des exceptions.

Ériger l'irresponsabilité en règle revient à empoisonner les relations humaines et à corrompre la société.

Car en nous déchargeant sur les autres du poids de nos responsabilités, nous les trahissons et nous nous trahissons nous-mêmes.

Le transfert des responsabilités

En optant pour l'irresponsabilité, nous comptons implicitement sur les autres pour pallier notre défaillance. Dans notre travail, nous comptons sur la conscience professionnelle des autres employés, en espérant qu'elle permettra à notre entreprise de prospérer et de continuer à nous fournir un emploi. Dans notre vie de couple, nous comptons sur notre partenaire pour entretenir la relation. Nous refusons de travailler pour gagner notre vie, mais nous comptons sur la productivité des autres pour obtenir notre nourriture par le biais de la charité, de la redistribution forcée des richesses au sein du système d'aide sociale ou encore par celui de la délinquance. Nous décidons de donner naissance à un enfant tout en sachant que nous n'avons pas les moyens de l'élever. Sans réfléchir un seul instant à cette grave décision, nous fonçons tête baissée, indifférents au fait que la communauté devra payer le prix de notre inconscience.

Il y a peu de temps, j'ai reçu en consultation un homme qui s'appelait Derek L. À trente-quatre ans, il vivait toujours à la charge de sa mère tout en poursuivant une carrière de guitariste dans un groupe de rock. Derek n'avait pratiquement jamais gagné d'argent, sauf à l'occasion de rares concerts qu'il avait donnés avec son groupe, et il redoutait l'instant où il devrait travailler pour vivre. Lorsqu'il avait été arrêté pour infraction au code de la route, sa mère avait payé son amende.

— L'idée d'avoir à gagner ma vie et de me prendre entièrement en charge me donne l'impression d'être tellement seul au monde ! me confia-t-il avec beaucoup de sincérité.

Je lui demandai comment il ressentait le fait de placer ce fardeau sur les épaules de sa mère.

— Je m'en veux, répondit-il. Mais que puis-je faire ? Trouver un travail ordinaire et renoncer à mes rêves ?

Quelque temps plus tard, je soumis à ce jeune homme une série de phrases inachevées en lui demandant de les compléter. C'est un exercice auquel j'ai très souvent recours en thérapie et qui donne des résultats spectaculaires. Il consiste à proposer au patient le début d'une phrase et à lui demander de la répéter en y apportant chaque fois une fin différente. En réitérant cet exercice avec plusieurs phrases, le patient parvient peu à peu à explorer de plus en plus profondément certaines zones de sa vie [1].

Je soumis à Derek le début de phrase suivant : « Si j'apportais un niveau de conscience plus élevé à mes choix... », et je lui demandai de me proposer plusieurs fins. Ses réponses furent : « Je serais malade de honte ; je me mépriserais ; je devrais remonter mes manches et chercher un travail, comme tout le monde ; je devrais grandir et devenir un homme ; je devrais sortir de mon monde imaginaire et me colleter avec la réalité ; je devrais me réveiller ; je devrais m'en sortir seul ou pas du tout. »

Deux mois plus tard, à l'issue d'une séance très intensive, je demandai à Derek de terminer la phrase suivante : « Maintenant que j'apprends à vivre plus consciemment... », et il me répondit ainsi : « Je commence à m'aimer ; ce n'est pas toujours facile ; j'ai l'impression d'être devenu un homme ; c'est effrayant ; je me respecte davantage ; je découvre que je sais penser ; je n'éprouve plus autant de dégoût pour ma personne ; je ne sais si je pourrai continuer ; c'est un combat permanent ; j'ai peur ; je découvre que je peux faire des choses dont je me croyais incapable. »

1. Pour plus de détails sur cette méthode, reportez-vous à deux de mes précédents livres : *The Art of Self-discovery* (Bantam Books), et *Les Six Clés de la confiance en soi, op. cit.*

Cette liberté de penser ou de refuser de penser, de vivre ou non en individu responsable, constitue l'essence de notre humanité. Elle est notre fardeau, mais elle est aussi notre gloire.

3

Confiance en soi et métaphysique sociale

Dans notre esprit, la responsabilité est généralement associée aux décisions que nous prenons au quotidien et à notre aptitude à assumer notre vie et notre bien-être. Pourtant, la responsabilité se situe aussi à un niveau plus profond, dans le rapport de notre esprit à la réalité. Autrement dit, dans l'acceptation du fait que notre entendement doit être notre seul guide et notre esprit, l'autorité suprême à laquelle nous nous référons. Avoir confiance en soi, c'est faire confiance au pouvoir de sa pensée.

À ce niveau, nous nous trouvons placés devant l'alternative suivante : Penserai-je par moi-même en ne comptant que sur les efforts de mon propre esprit ou bien laisserai-je les autres penser à ma place en censurant mon propre entendement ?

L'intelligence est le premier instrument de survie de notre espèce. Tout ce qui nous distingue en tant qu'humains du reste de la Création — notre nourriture, nos vêtements, notre médecine, notre habitat, notre art, et jusqu'aux idées abstraites qui guident notre vie —, tout cela est le produit de notre intelligence. C'est d'abord en exerçant notre faculté de penser que nous exprimons notre indépendance et que nous nous affirmons. La prise en charge de notre vie et de notre bien-être procède nécessairement de la confiance que nous avons en notre propre intelligence.

Si nous choisissons de vivre en réfléchissant le moins possible, sans essayer de comprendre et de juger par nous-mêmes, nous acceptons d'exister par procuration : nous adoptons sans les analyser les pensées, les valeurs et les opinions des autres. Or, le renoncement à l'indépendance intellectuelle est la manifestation la plus profonde du renoncement de soi. C'est l'abdication des fonctions les plus élémentaires du moi.

La souveraineté

De multiples comportements dénotent chez l'enfant le désir de souveraineté :

Un plaisir évident à exercer son intelligence ;

Une attirance pour tout ce qui est nouveau, inexploré ou stimulant ;

Une réticence à accepter sans contestation les lieux communs proférés par les adultes ;

Une utilisation insistante du mot « pourquoi ? » ;

Un ennui de tout ce qui est routinier et une indifférence envers ce qui ne constitue pas un défi ;

Une obsession des questions ;

Une recherche des situations pouvant l'amener à utiliser pleinement toutes ses compétences ;

Un désir de montrer son indépendance dans de petits actes quotidiens.

À mesure qu'il grandit, l'enfant manifeste son indépendance en se fixant ses propres buts. Il n'a pas besoin des autres pour savoir ce qui va lui procurer du plaisir, comment il doit passer son temps, ni ce qu'il doit admirer ou rechercher. S'il a besoin de l'aide de ses aînés, c'est qu'il attend d'eux des conseils rationnels et une éducation, et non des objectifs ou des valeurs « prêts à l'emploi ». En effet, dans le choix de ses valeurs, l'enfant est seul décideur, et c'est une responsabilité qu'il accepte volontiers. Quant aux valeurs qui lui sont proposées par les autres, elles font l'objet d'un examen attentif.

Si ce processus normal de développement n'est pas contrarié, l'enfant acquerra avec le temps un solide sens de son identité et une estime de soi.

Entre l'enfance et l'âge adulte, nous nous heurtons à des problèmes qui deviennent de plus en plus complexes à chaque étape de notre développement. La somme des connaissances qu'il nous faut traiter et le nombre de décisions qu'il nous faut prendre sont bien plus grands à douze ans qu'à cinq. Voici quelques exemples de questions auxquelles un adolescent peut se trouver confronté :

« *Maintenant que je sais combien de temps il me faudra consacrer à mon travail scolaire, à mon entraînement sportif et à mes activités dans l'orchestre de l'école, et compte tenu du fait que je veux pouvoir disposer de moments de farniente, comment vais-je organiser mon temps et quelle priorité donnerai-je à chacune de ces activités ? Qu'est-ce qui est pour moi le plus important et à quoi suis-je prêt à renoncer ?* »

« *Je suis attiré par cette jeune fille et je voudrais sortir avec elle, mais je constate que son comportement et ses valeurs sont différents des miens. J'aime apprendre, alors que les études semblent l'ennuyer. Elle boit trop lorsque nous faisons une fête entre amis, et cela me déplaît. Qu'est-ce qui est le plus important pour moi, l'attirance physique que j'ai pour elle ou la divergence de nos valeurs ? Mes amis me disent qu'elle est super et que je serais idiot de renoncer à elle, mais je ne suis pas de cet avis. Qui vais-je écouter, mes amis ou mes propres doutes ? »*

« Notre pasteur dit qu'il n'est de plus grande vertu et, pour une femme, de plus grande gloire, que le sacrifice de soi. Mais il n'explique pas pourquoi je devrais placer les désirs et les besoins des autres au-dessus des miens. Dois-je, comme mes parents, accepter sa parole sans la mettre en doute ou dois-je rechercher une réponse qui me donne satisfaction ? »

Quel que soit notre âge, prendre la responsabilité de penser et de décider par nous-mêmes ne va jamais de soi. Il ne s'agit pas d'un acte naturel, mais d'un choix qui s'offre à nous et auquel nous répondons par la négative ou par l'affirmative.

Nul n'atteint l'âge adulte sans avoir été « bombardé » par toutes sortes d'idées et de jugements émanant de ses parents, de ses professeurs, de ses relations et de sa culture. Nos éducateurs nous ont transmis, verbalement ou non, et de façon plus ou moins explicite, des messages qui ont influencé le regard que nous portons sur le rôle des hommes et des femmes dans la société, sur notre sexualité, sur l'amour et le mariage, sur les gens qui se réclament d'autres religions et d'autres courants philosophiques ou politiques, et sur le monde en général. Nous avons été exposés à un nombre incalculable d'idées concernant le travail, l'ambition, l'argent, la réussite. Jusqu'à quel point réfléchissons-nous à toutes ces idées préconçues et jusqu'à quel point les assimilons-nous sans les avoir analysées au préalable ? Jusqu'à quel point décidons-nous par nous-mêmes ou, au contraire, laissons-nous les autres décider pour nous ?

La culture dans laquelle nous avons grandi nous a immergés depuis l'enfance dans un océan de messages philosophiques. Chaque société possède ses valeurs et ses croyances qui, pour n'être pas toujours explicitement formulées, n'en constituent pas moins une part importante de notre environnement humain. Les idées qui sont véhiculées de façon implicite sont souvent plus difficiles à remettre en question, même pour un esprit doué d'une certaine indépendance, précisément parce qu'elles sont intégrées par un processus qui court-circuite l'intelligence consciente. Nous possédons tous ce que l'on pourrait appeler un « inconscient culturel », un ensemble d'idées reçues sur la nature, sur la réalité et sur les notions de bien et de mal, lesquelles sont le reflet des valeurs, des connaissances et des idées attachées à un endroit du globe et à une période précise de l'Histoire. Certes, ces croyances sont remises en question et ne sont pas intériorisées par tous de la même façon. Il n'en demeure pas moins que, dans toute culture, un certain nombre d'idées s'imposent aux esprits sans jamais faire l'objet d'une analyse consciente.

Nous mesurons notre indépendance (et notre maturité) intellectuelle à ce que nous remettons en question. Bien sûr, personne n'a le temps ni le désir de tout mettre en doute. D'ailleurs, beaucoup de problèmes n'ont pas tant d'importance pour nous. En revanche, nous devons faire appel à notre esprit critique quand ces problèmes ont une influence directe sur la manière dont nous dirigeons notre vie.

Celui qui ne connaît rien à la physique, par exemple, n'aura pas les compétences, ni rien à gagner, à remettre en question une idée reçue dans ce domaine. Toutefois, l'indépendance d'esprit, dans ce cas, consistera à garder en tête le fait que toutes nos connaissances en physique ne sont que ouï-dire et non le fruit de notre raisonnement. Être intellectuellement indépendant, c'est être conscient des limites de son savoir et ne pas porter des jugements sur ce que l'on ignore.

Et si, pour une raison ou pour une autre, nous devons nous fier aux conseils d'un spécialiste, bien que n'ayant pas les connaissances qui permettraient d'apprécier leur bien-fondé, l'indépendance d'esprit consistera à savoir que l'on prend un risque calculé. En l'occurrence, si l'enjeu est important, il conviendra de solliciter un second avis. L'individu intellectuellement indépendant, connaissant les limites de son savoir, se servira de son intelligence pour évaluer les risques auxquels il s'expose.

Mais il est des questions auxquelles aucun expert ne peut répondre à notre place. Quel sens dois-je donner à ma vie ? Comment dois-je me comporter avec autrui ? Qu'est-ce qui est digne de mon admiration ? À quels principes dois-je conformer mes actes ? Pour répondre à toutes ces interrogations fondamentales, nous ne devons compter que sur notre discernement.

Certes, nous apprenons continuellement des autres et nous ne pouvons nous soustraire entièrement à leur influence, non plus qu'à celle du contexte historique dans lequel nous évoluons. Notre intelligence ne fonctionne jamais dans le vide absolu. Pourtant, et c'est un point important, il existe une distinction profonde entre les individus qui réfléchissent par eux-mêmes et ceux qui se contentent de recycler sans les mettre en doute des opinions émises par d'autres.

Voilà pourquoi il est condamnable de se servir de la tradition pour justifier son point de vue. La tradition, qui est l'ensemble des choix et des croyances légué par ceux qui nous ont précédés, peut, selon les circonstances, avoir raison ou tort. Décider en toute indépendance que certains principes dictés par elle sont en accord avec la raison et avec la réalité est une chose. Mais suivre ces principes seulement parce que nous les héritons de nos ancêtres en est une autre.

Souveraineté intellectuelle, affirmation de soi et sens des responsabilités doivent s'enraciner dans une juste appréciation de la réalité. Les choses et les faits doivent être vus pour ce qu'ils sont, et sans œillères. Être responsable, c'est accepter la vérité et ne pas chercher à la nier. Si un homme est alcoolique, c'est un fait indiscutable, même si toute sa famille refuse de l'admettre. Si un prêtre abuse des enfants qui lui sont confiés, aucun acte de contrition ne pourra changer la nature de sa faute. Si mon fils ou ma fille est un drogué, c'est là encore un fait indiscutable, que j'accepte ou non de le reconnaître. Si je fais une découverte qui vient contredire ou infirmer ce que je croyais être la vérité, j'ai le choix d'y réfléchir ou non, mais je ne peux en effacer l'existence.

Pour être authentique, l'indépendance intellectuelle doit donc être ancrée dans le réel. Je voudrais m'arrêter sur ce point que je juge important pour bien comprendre l'exposé qui va suivre concernant la métaphysique sociale.

Si nous voulons être capables de relever les défis auxquels la vie nous confronte, nous devons établir et respecter une distinction entre le réel et l'irréel, entre d'un côté les faits et de l'autre nos souhaits, nos espoirs, nos peurs et nos fantasmes. Il existe une différence entre être un artiste accompli et rêver d'en être un, ou même être considéré comme tel par les autres. Les illusions dans la conscience des autres ne valent pas mieux que dans la nôtre.

Les obstacles à la souveraineté

De nombreux facteurs peuvent venir contrarier notre évolution vers l'autonomie intellectuelle et vers la responsabilité.

Dans les premières années de sa vie, un enfant peut perdre l'estime de soi du fait du comportement destructeur de ses parents. Si le processus d'individuation est stoppé, les premiers stades de son affirmation intellectuelle ne seront jamais atteints. Dès lors, pourquoi lutterait-il pour penser, s'il n'a pas confiance dans son propre jugement, ou s'il est persuadé que l'existence est un tel cauchemar d'irrationalité que tout effort pour réfléchir est voué à l'échec ?

Certains enfants, qui n'ont pas reçu de leurs parents la reconnaissance et l'estime qui leur étaient nécessaires, vont faire de ce besoin de reconnaissance la passion dominante de toute leur vie. En grandissant, ils reporteront ce besoin sur d'autres gens. Confondant amour et soumission, ils seront prêts à abdiquer toute indépendance pour se sentir appréciés.

Certains parents dominateurs ont un tel désir de contrôler l'esprit et les sentiments de leur enfant qu'ils commencent très tôt à lui assener leur message. Ce faisant, ils colonisent sa psyché et réduisent ses chances de pouvoir développer son propre sens de la réalité. Je sais par expérience que tout enfant, même doué d'une grande intelligence, peut devenir la victime de ce type de comportement, lorsque ses parents sont perçus comme des êtres brillants, charismatiques et très sûrs d'eux. Ces parents, dans leur impatience à inculquer les notions de bien et de mal, dressent une barrière qui empêche l'enfant d'appréhender la réalité par lui-même. Car ces idées, même si elles sont justes, ne sont pas le fruit de son expérience.

Des parents font savoir à leur enfant, de façon plus ou moins explicite, que ce qu'il pense et ressent est sans importance et que ce qui compte réellement, ce sont les idées et les sentiments des autres. Dès lors l'enfant, ayant intériorisé ce message, va s'appliquer à saboter son propre développement.

Si les parents semblent demander : « Mais qui es-tu pour donner ton opinion ou pour croire que tes idées puissent avoir de l'importance ? », l'enfant capitulera et se soumettra.

Mais même pour celui qui n'a pas connu ce type d'expérience dans son jeune âge, la tentation reste grande de renoncer à une quête d'autonomie et de souveraineté.

D'abord, parce que réfléchir nous demande un effort. Aborder les différentes situations de notre vie avec le niveau de conscience approprié n'est pas une chose que nous faisons instinctivement. C'est un choix qui nous contraint à lutter contre la force d'inertie à laquelle nous sommes tous soumis. En d'autres termes, adopter un tel comportement nous oblige à vaincre notre paresse. La paresse n'est pas un concept auquel les psychologues font souvent référence, pourtant elle explique certains aspects du comportement humain. Nous sommes tous intimement conscients de notre aversion pour l'effort.

Vaincre notre tendance naturelle à l'apathie est la première étape à franchir pour conquérir notre souveraineté.

L'étape suivante consiste à adopter une politique de la raison afin de ne pas nous laisser guider par des émotions en totale contradiction avec nos idées. En demeurant conscients, nous pouvons mieux percevoir ces incohérences et contrôler notre impulsivité. Comme me le disait non sans ironie l'un de mes patients, « quand on a envie de faire une bêtise, la raison fait figure de trouble-fête ».

Notre intelligence n'est pas infaillible. Nous ne sommes jamais à l'abri d'une erreur de jugement. Si nous agissons en vertu d'une telle erreur, nous nous exposons à la souffrance, à l'échec, voire à la destruction. Dans ce cas, les conséquences de nos actes sont notre responsabilité et nous ne pouvons nous en décharger sur quiconque. En revanche, et c'est là une autre tentation pour certaines personnes, nous pouvons renoncer à notre indépendance et laisser les autres décider pour nous. S'il en résulte un désastre, ce ne sera pas notre faute. Si nous avons peur des responsabilités, nous redoutons l'indépendance intellectuelle (et vice versa). Trouver en soi la volonté d'affronter ce problème et de le surmonter relève parfois de l'héroïsme.

Enfin, et c'est le dernier obstacle à notre souveraineté, faire preuve d'indépendance dans nos jugements peut nous exposer à entrer en conflit avec les opinions exprimées dans notre entourage par des personnes parfois très importantes pour nous. Si nous redoutons d'être l'objet de leur animosité ou de leur désapprobation, nous renoncerons à exprimer nos opinions. En ne prenant pas de positions indépendantes, nous ne dérangeons ni ne provoquons personne. Combien de jeunes filles se sont entendu recommander de ne jamais rien faire qui pourrait froisser quelqu'un ? Les jeunes hommes reçoivent peu ou prou le même message, mais de façon moins directe. Et, de fait, beaucoup d'entre nous placent l'harmonie avec les autres au-dessus de leur propre jugement, l'appartenance au groupe au-dessus de l'estime de soi.

Le problème n'est pas tant de vouloir être aimé — qui ne préférerait pas être aimé plutôt que détesté ? — que de savoir quel rang nous accordons à ce désir dans la hiérarchie de nos valeurs, et si nous le plaçons au-dessus de l'intégrité et du respect de soi. Nous devons nous demander ce que nous sommes prêts à donner en échange de cet amour. La tragédie, pour beaucoup de gens, c'est qu'ils sont prêts à tout abdiquer. Et il s'agit bien d'une tragédie quand tant de souffrance est imputable à ce renoncement.

Bien sûr, ce sacrifice de notre indépendance n'est jamais total et il ne se fait pas du jour au lendemain. Il est le résultat d'un long processus, d'une succession de choix motivés par des raisons diverses. Dans un cas, ce sera la paresse, dans un autre la peur, de commettre une erreur, et dans un troisième la crainte d'entrer en conflit avec notre entourage.

Toutefois, plus nous nous éloignons de l'indépendance et plus cette responsabilité devient pour nous une perspective angoissante. Comment, en effet, pouvons-nous nous reposer sur un jugement auquel nous n'avons jamais appris à faire confiance ?

Peu à peu, nous nous installons dans un cercle vicieux. Car plus nous abdiquons par peur d'être désapprouvés, plus nous nous dévaluons à nos propres yeux, et plus nous recherchons désespérément l'approbation d'autrui. En nous se crée un vide à la place qu'aurait dû occuper l'estime de soi. Si nous tentons de le combler par l'approbation des autres, il ne fait que se creuser davantage et nous rend plus assoiffés de reconnaissance.

De cette spirale infernale naît un problème que j'ai appelé la « métaphysique sociale ».

La métaphysique sociale

Si nous échouons à acquérir une indépendance intellectuelle et à rechercher l'approbation en nous-mêmes plutôt que dans notre entourage, un vide se crée en nous. Car nous avons toujours besoin de connaissances, de repères et d'une appréciation de notre valeur. Alors, inévitablement, nous nous tournons vers les autres pour satisfaire ces besoins, car le vide nous angoisse. Nous sommes persuadés, sans nous l'avouer vraiment, que nous ne savons rien. Mais les autres semblent savoir et maîtriser cette mystérieuse et incompréhensible réalité. Nous n'avons pour nous-mêmes ni amour ni respect, mais que les autres viennent à nous apprécier, et nous devenons estimables. L'estime que nous avons de nous-mêmes ne dépend plus que des autres.

Il faut bien distinguer une telle obsession de l'appréciation des autres d'un désir légitime d'être reconnu, compris et apprécié pour nos traits de caractère et nos accomplissements réels. En effet, il existe bien une différence entre souhaiter que les autres perçoivent notre valeur et attendre d'eux qu'ils créent cette valeur par leur approbation.

La conception de la réalité qui se développe imperceptiblement au fil des ans chez ce type de personnalité est celle d'*un monde tel qu'il est perçu par les autres*. Ce sont leurs idées, leurs croyances et leurs sentiments qui forment la réalité, et non les faits objectifs. Avant son intelligence, le premier moyen de survie de cet individu, c'est son entourage. Dépendant des autres pour sa survie et son bien-être, il s'appliquera donc à les comprendre, à les flatter, à les tromper, à les manipuler ou encore à leur obéir. Il mesure son efficacité et, par voie de conséquence, l'estime qu'il a de lui-même, à sa réussite dans ses interactions avec autrui.

Répondre aux attentes et aux exigences de son entourage devient pour lui un besoin irrépressible. Et la récompense qu'il en tire est une diminution temporaire de son angoisse, le sentiment d'être enfin en adéquation avec la vie et ses exigences, telles qu'elles sont déterminées par les autres.

C'est ce que j'appelle la métaphysique sociale.

D'un point de vue philosophique, la métaphysique est la perception que nous avons de la nature ultime de la réalité. Pour l'individu que je décris, la réalité, c'est *les autres*.

La métaphysique sociale est donc la condition psychologique d'une personne pour qui la référence ultime n'est plus la réalité objective, mais les opinions et les croyances d'autrui.

Dans sa forme la plus pure, la métaphysique sociale peut se décrire ainsi :

Les choses sont ce que tu dis qu'elles sont. Je suis ce que tu désires que je sois. Je suis bon ou mauvais en fonction de ce que tu affirmes.

La dépendance première dans ce cas est cognitive, et j'irai même jusqu'à dire *spirituelle*. L'individu fonctionne au sein d'un système établi par les autres en renonçant à toute indépendance intellectuelle.

Dans le meilleur des cas, cette attitude donnera naissance à une *pseudo*-estime de soi, qui, parce qu'elle n'est pas réellement enracinée dans l'individu, sera par nature fugace et pourra, à tout moment, céder la place à l'anxiété.

Dans ce schéma de comportement, l'individu, dès qu'il est rejeté par les autres, se sent inadapté à la réalité et dépourvu de toute valeur personnelle. L'un de mes patients me dit un jour avec un visage douloureux : « Si je n'obtiens pas une réponse favorable des autres, je me sens brutalement exilé de l'existence. Plus que ma valeur, c'est tout mon être qui est déprécié. »

Un homme d'affaires multimillionnaire de ma connaissance se préoccupait jusqu'à l'obsession de savoir ce que pensait de lui son entourage, jusqu'au plus humble garçon de bureau. À l'évidence, il n'avait rien à gagner à être apprécié par ce garçon, pourtant il s'efforçait de lui plaire. Ce n'était pas tant la personne réelle qu'il essayait de séduire que le symbole de tous les autres gens, de l'humanité au sens large. Son attitude était motivée par l'idée que, en se rendant sympathique à ce jeune homme, il se faisait accepter par les autres, et qu'il était donc digne de vivre.

Il y a de nombreuses années, j'ai connu un professeur de philosophie qui avait longuement étudié le sentiment religieux pour finalement en arriver à la conclusion que la foi n'avait aucune base rationnelle et pouvait même avoir des conséquences néfastes sur les croyants. Pourtant, dans ses écrits comme dans ses conférences, cet homme évitait soigneusement d'aborder la question de l'athéisme, et il continuait même, malgré ses opinions, à assister à la messe tous les dimanches avec sa famille. Mais il ne s'avouait pas que sa principale motivation était la peur d'affronter sa famille. Il redoutait toute dispute et cherchait désespérément à être accepté par tous. Pour justifier son attitude, il se disait qu'il ne voulait pas heurter ses parents, qui étaient profondément religieux et seraient peinés par le manque de foi de leur fils. J'avais de l'affection pour cet homme dont j'admirais l'intelligence et la tolérance qu'il manifestait dans ses rapports avec les autres. Quand je lui demandai comment il pouvait accorder si peu d'importance à ses convictions, il me répondit qu'en proclamant son athéisme il nuirait à sa carrière, ce qui était une très mauvaise excuse. À cette époque déjà, beaucoup de professeurs ne faisaient aucun secret de leur athéisme et n'étaient pas inquiétés pour autant.

— Comment pouvez-vous faire si peu de cas de vos idées et renoncer à les défendre ? lui demandai-je.

— Je suis ainsi fait, me répondit-il d'un air triste.

Un célèbre romancier vint un jour assister à l'une de mes conférences. Quand elle fut terminée, il passa chez moi, avec d'autres personnes, pour continuer la discussion devant une tasse de café. Alors que nous venions d'aborder le sujet de la célébrité, cet homme me dit :

— C'est drôle, lorsque vous devenez connu, les gens s'imaginent que vous allez snober vos anciens amis. Mais pour moi, c'est l'inverse qui s'est produit. Ce sont mes amis qui ont commencé à m'éviter. En fait, ils ne savaient plus comment se comporter avec moi et je crois qu'ils m'enviaient. Ce n'était pas moi qui avais changé, mais eux.

En me faisant cette confidence, il eut l'air profondément peiné.

— Ça ferait un excellent sujet de roman, fit remarquer quelqu'un dans l'assistance.

L'écrivain accueillit cette suggestion avec beaucoup d'enthousiasme.

— C'est l'un des plus grands drames de ma vie, avoua-t-il. Il nous en dit long sur la psychologie de beaucoup de gens. (Brusquement il se tut et son visage se rembrunit.) Non, décidément, je crois que je préférerais traiter ce sujet sur un mode humoristique.

Ce brusque revirement m'avait rendu perplexe.

— Qu'est-ce qui vous a fait changer d'avis ? lui demandai-je.

— En le traitant sur un mode plus grave, je risquerais de déplaire à certaines personnes, me répondit-il, un peu sur la défensive.

Il veut toujours être aimé par ceux qui l'ont rejeté, pensai-je alors avec une ombre de tristesse. Dans une certaine mesure, il s'imagine avoir besoin d'eux pour sa survie.

Cette scène s'est passée il y a plus de trente ans. Ce livre n'a jamais été écrit, et je n'en suis pas surpris.

Cet état d'esprit auquel j'ai donné le nom de métaphysique sociale avait commencé à m'intriguer bien avant que je ne débute ma carrière de thérapeute. Je me souviens, par exemple, d'un garçon qui se nommait Lloyd et qui vivait dans une maison, de l'autre côté de la rue, lorsque j'avais environ treize ans. Un jour, il me confia que son oncle, qui était voyageur de commerce, lui rapportait de New York des griffes de grandes marques que Lloyd faisait coudre sur ses vêtements par sa mère afin d'impressionner ses copains.

— Mais tu sais bien que tout cela n'est pas réel, m'étonnai-je. Ta mère t'habille dans les boutiques les moins chères de la ville. Et qui ça intéresse de savoir d'où viennent tes vêtements ?

Devant mon étonnement naïf, Lloyd eut un sourire supérieur et me répondit :

— Mais les gens croiront que mes fringues viennent de New York.

Cinquante ans après, je me rappelle ma consternation et mes efforts pour comprendre comment pouvait bien fonctionner un esprit tel que celui de mon camarade.

À l'époque, j'étais parvenu à établir un lien, que je ne pouvais encore nommer, entre le processus mental de Lloyd et celui de ma mère qui vivait dans la peur du qu'en-dira-t-on. Pour elle, les apparences comptaient plus que la réalité. Je me souviens que nous eûmes beaucoup de disputes à ce sujet car je détestais qu'elle m'oblige, pour faire bonne impression, à me comporter d'une façon que je jugeais ridicule. (C'est avec beaucoup d'amusement que j'appris, des années plus tard, que le psychologue B.F. Skinner avait été troublé par un comportement similaire chez sa propre mère. Et je me demande si ce n'est pas pour lui répondre qu'il échafauda ensuite une théorie qui niait l'influence de la pensée sur l'individu.)

Devenu adolescent, j'eus l'occasion de constater bien souvent que le souci des apparences et le désir d'être aimé comptaient souvent plus, chez les gens qui m'entouraient, que les faits et la vérité. Pourtant, je ne comprenais pas encore comment ils pouvaient accorder tant d'importance à ce qui n'était pour moi qu'illusion. Il me fallut commencer à exercer en tant que psychothérapeute pour y voir enfin clair. J'avais alors une vingtaine d'années et je me rappelle deux cas qui furent pour moi décisifs. Le premier de ces patients était une jeune artiste dont chaque mot, chaque geste, chaque attitude semblait calculé. Cette personne souffrait d'une soif insatiable de voir son intelligence et son talent reconnus par tous.

Le deuxième de ces patients était un étudiant en philosophie. Ce jeune homme se plaignait, lorsqu'il étudiait la pensée d'un auteur, de se sentir absorbé par son système, au point que ses propres idées lui devenaient presque étrangères. Lui aussi souffrait d'un désir incoercible de reconnaissance et d'une difficulté à soutenir ses opinions lorsqu'elles n'étaient pas partagées. C'est en m'efforçant de comprendre le mode de fonctionnement de ces deux personnes que j'en arrivai à identifier le problème que je décris ici, à savoir celui d'une conscience qui substitue à la réalité objective une perception du monde déterminée par les autres. Par la suite, j'appris à mieux connaître les diverses motivations de la métaphysique sociale.

Dans un cas, l'individu emprisonné dans sa logique n'y trouve pas d'autre alternative. Sa dépendance et son irresponsabilité lui semblent parfaitement normales et naturelles. Sa réalité s'arrête à la perception qu'il en a à travers les autres. Dans un autre cas, le processus passe par la voie détournée de la rébellion. C'est un comportement que l'on retrouve souvent chez les adolescents qui prennent le contre-pied systématique de toutes les valeurs transmises par leurs parents en croyant faire ainsi preuve d'autonomie. Mais ils ne font pas plus de cas de la raison et de l'objectivité que le pire des conformistes. Si je rapproche ces deux types d'attitude, c'est que, dans un cas comme dans l'autre, l'individu se laisse dicter par son entourage les termes de son existence.

Enfin, je classerai dans une troisième catégorie les individus qui souffrent d'une conscience aiguë de leur état tout en se sentant incapables d'y remédier.

La métaphysique sociale, telle que j'ai pu l'observer, peut revêtir des formes diverses, mais elle présente toujours les mêmes constantes :

- L'absence d'une conception ferme et immuable de la réalité, indépendante de tout jugement, croyance ou sentiment appartenant à autrui.
- Un sentiment profond d'impuissance qui peut se cacher derrière un semblant d'assurance dans certains domaines.

• Une peur viscérale des autres et la croyance implicite que ceux-ci exercent un contrôle sur ce mystérieux domaine qu'est la réalité.

• Une estime de soi, ou plutôt une pseudo-estime de soi, totalement dépendante des réponses offertes par certaines personnes importantes de l'entourage.

Parmi ces caractéristiques, la plus significative est sans conteste *l'absence d'une conception propre de la réalité objective*.

Nous la retrouvons chez l'adolescente qui décide d'avoir un enfant en pensant qu'il lui apportera l'amour qui lui fait défaut, et qui prend cette décision sans réfléchir à ses multiples conséquences.

Nous la retrouvons chez l'homme politique qui mesure sa grandeur au nombre d'électeurs auxquels il parvient à faire gober ses mensonges.

Nous la retrouvons chez l'employé qui s'approprie le travail d'un collègue et qui, en recevant les félicitations de son chef, arrive à se convaincre qu'il les a méritées.

Nous la retrouvons chez l'émeutier qui met à sac son quartier pour protester contre le système mais ne s'occupe pas de savoir comment il s'en sortira à l'avenir sans commerces pour le servir ni entreprises pour l'employer.

Nous la retrouvons chez les intellectuels qui font l'apologie de la dictature présentée comme un mal nécessaire, et qui, devant les preuves des atrocités commises par les régimes qu'ils défendaient, prétendent avoir été aveuglés par leur idéalisme et refusent d'assumer toute responsabilité morale pour les crimes qu'ils ont cautionnés. (Parlant des conséquences morales de l'irresponsabilité, cet exemple est sans doute le pire de tous ceux qu'a pu nous offrir notre XXe siècle.)

La métaphysique sociale telle que je viens de la décrire trouve sa manifestation la plus éclatante chez le conformiste conventionnel. Cet individu accepte le monde tel que le voient les autres sans jamais rien remettre en question. Lui demandez-vous pourquoi il se marie, pourquoi il a des enfants, il vous répondra : « Parce que c'est ce que tout le monde fait. » Il deviendra un excellent employé dans son entreprise, un père ou une mère de famille irréprochable, il pourra même tenter de mener une vie utile et productive mais, ce faisant, il ne fera qu'obéir à ce que les autres attendent de lui. Et s'il lui arrive de montrer des signes d'indépendance, ce sera toujours à l'intérieur des limites qui lui auront été imposées par autrui.

Si la société dans laquelle il vit considère la ségrégation raciale comme naturelle, il deviendra un raciste convaincu. Il tirera alors une pseudo-estime de soi de son appartenance à une ethnie considérée comme supérieure aux autres. À l'inverse, dans une société condamnant le ségrégationnisme, il défendra l'égalité entre les races. Dans ce cas, sa pseudo-estime de soi sera nourrie de ses positions politiquement correctes et surtout de l'idée que si tous les hommes sont égaux, il n'a pas à se sentir inférieur.

Au début du siècle, notre conformiste, après des études moyennes, aurait repris le petit commerce de son père où il aurait consciencieusement travaillé jusqu'à sa retraite. Mais aujourd'hui, dans un monde sans pères, dirigé par des élites dénuées de toute crédibilité, un monde où le cynisme tient lieu d'unique valeur, où le travail est méprisé, où la culture populaire célèbre la violence et la mort, dans un monde où les trafiquants de drogue font figure de héros, notre conformiste rejoindrait probablement un gang de rue. Il irait jusqu'à tuer pour être accepté par l'unique famille qui lui soit proposée. À l'instar de cet adolescent de seize ans à qui l'on demandait pourquoi il avait tiré sur des passants innocents, il répondrait : « Je voulais être respecté par mes copains. »

Dans notre société qui nous propose divers modèles culturels, il est possible que le conformiste change plusieurs fois de sphère d'influence au cours de sa vie. Mais au-delà de tous ces revirements, une constante demeurera : un désir d'être reconnu coûte que coûte, même aux dépens de sa propre souveraineté. Désespérant de se gagner la reconnaissance de ses parents, il pourra choisir d'entrer dans une secte et d'obtenir l'amour qui lui a été refusé au prix d'un renoncement intellectuel.

Le conformiste conventionnel peut parfois prendre plaisir à dominer ou à manipuler un autre être humain, mais ce n'est pas là sa principale motivation. Il en est de même pour la colère et la haine. Si ces sentiments jouent un rôle dans son histoire, ils ne sont pas essentiels pour lui, mais ils le sont, en revanche, pour une autre catégorie d'individus eux aussi victimes de la métaphysique sociale, celle des tyrans.

Dans ce deuxième grand groupe nous retrouvons tous les assoiffés de pouvoir, du petit chef qui mène la vie dure à son entourage jusqu'au grand dictateur. Ces individus ont souvent eu une enfance marquée par la violence et par l'humiliation. Ce fut le cas d'Adolf Hitler et celui de Saddam Hussein, tous deux brutalisés dans leur jeune âge. L'obsession du pouvoir chez ces êtres a souvent pour origine une expérience traumatisante d'impuissance dans les premières années de la vie. Ce qui ne veut pas dire que tous les individus qui ont souffert de mauvais traitements sont appelés à devenir des monstres. Certaines personnes apprendront à survivre autrement ou à ne pas faire de cette expérience l'axe central de leur existence.

Pour l'individu tyrannique, le chemin vers l'estime de soi emprunté par le conformiste conventionnel est d'une instabilité effrayante, le spectre d'un échec ou d'une défaite trop présent. Son complexe d'infériorité est si grand qu'il n'a aucune confiance en sa capacité à obtenir l'amour et l'approbation des autres. Et cette dépendance, vécue comme une humiliation, déchaîne sa rage. Si le type conventionnel accepte l'idée qu'il doit se gagner l'estime d'autrui par une approche *volontaire*, le tyran, lui, n'hésitera pas à manipuler ou à contraindre les autres pour leur *imposer* respect, obéissance et amour.

Le tyran, c'est Frédéric-Guillaume Ier de Prusse qui criait à ses sujets tandis qu'il les faisait battre : « Vous ne devez pas me craindre, je vous ordonne de m'aimer. »

La rage et la haine qu'il éprouve envers les autres vont s'étendre peu à peu à l'existence même et à tout un univers qui lui interdit l'estime de soi et qui associe son irrationalité à la douleur, à la culpabilité et à la terreur. Vaincre une réalité qu'il n'a jamais choisi de respecter, défier la raison et la logique en toute impunité devient pour lui la seule façon concevable d'exercer son efficacité. Comme pour le conformiste, sa réalité, c'est les autres. Il se fera donc un but dans l'existence d'imposer sa volonté à autrui et d'obliger son entourage à lui construire un univers dans lequel son irrationalité pourra fonctionner.

Mais le tyran ne sévit pas que dans la sphère politique. Certains parents cherchent à soulager leur sentiment d'impuissance en exerçant sur leurs enfants un pouvoir absolu qui peut aller jusqu'à la terreur. Certains chefs d'entreprise récompensent chez leurs employés l'obséquiosité plus que la compétence. Certains professeurs prennent un malin plaisir à détruire chez leurs étudiants toute confiance en leurs aptitudes intellectuelles. Ils les soumettent sans cesse à des contradictions qu'ils présentent comme un savoir et se raillent de ceux qui osent les défier.

Le conformiste se demande ce qu'il doit faire de sa

vie et comment il peut trouver le bonheur. Il cherche une réponse à ces questions dans les normes et dans les valeurs proposées par sa culture : respectabilité, prestige, réussite financière, familiale ou professionnelle. Des valeurs qui sont parfois, et même souvent, estimables. Le tyran, lui, se demande comment il peut rendre son existence supportable et trouve une réponse à cette question dans un comportement agressif et destructeur dirigé contre l'objet de toutes ses peurs : l'autre. Sa violence n'est pas toujours physique, elle peut être affective ou intellectuelle. *Néanmoins, sous quelque forme qu'il se manifeste, le désir de contrôler et de manipuler les autres doit être vu comme une volonté de vaincre la réalité et comme un désir d'omnipotence.*

Il existe un troisième type de métaphysique sociale que je qualifierais de spirituelle. Les individus qui fonctionnent selon ce mode ne cherchent pas à plaire aux autres ni à les dominer, même s'il leur arrive parfois de le faire. Ces individus-là sont persuadés d'appartenir à une sorte d'élite. L'amour et l'estime leur sont dus non pour ce qu'ils font, ce qui serait perçu par eux comme vulgaire, mais pour la qualité intrinsèque de leur personne. En d'autres termes, ils se considèrent comme dignes d'estime parce que possédant une âme de qualité supérieure. Une âme, bien sûr, qui n'est ni l'esprit, ni rien de bien défini, mais plutôt une nébuleuse de vagues désirs, de pensées diffuses et de mystère insondable.

Un de mes patients cherchant à justifier le fait qu'à trente-huit ans il vivait encore à la charge de son père me dit un jour ceci : « Je ne vis que par et pour l'amour. »

« J'aime tout le monde », entendis-je un jour déclarer un adepte du New Age, qui s'empressa d'ajouter avec une ironie qui ne trompa personne : « Et tout le monde ferait bien de m'aimer. »

Une telle tendance, si elle se communique à tout un groupe social, peut rapidement rejoindre le conformisme tel que je l'ai décrit précédemment puisqu'elle devient une forme de norme.

La métaphysique sociale se manifeste encore chez une quatrième catégorie d'individus, celle des « indépendants » ou des faux individualistes. Les personnes appartenant à ce groupe se révoltent contre l'ordre établi, mais gratuitement, et puisent une pseudo-estime de soi dans un non-conformisme proclamé. C'est le type même du nihiliste. Il n'a que mépris pour l'argent, le mariage, le travail et toute forme de responsabilité.

Confronté au problème de son inadéquation à la norme, il trouve une réponse dans une condamnation sans appel de l'ordre établi. Confronté au problème de sa marginalisation, il déclare qu'elle est une preuve de sa supériorité.

Ayant échoué à développer en lui un sens de la réalité objective, l'indépendant voit l'existence comme un conflit irréductible entre ses volontés et celles des autres. La seule question qu'il se pose est de savoir qui va l'emporter, mais la raison et l'objectivité ne sont aucunement prises en compte dans son mode de pensée.

Un contestataire fameux des années 60 que j'avais rencontré dans une soirée me dit ceci : « La réalité n'existe pas. Chacun en possède sa propre conception. Si la mienne prévaut sur celles des autres, et si les autres y adhèrent, alors elle devient la réalité. Si je déclare que deux et deux font cinq et que j'arrive à en persuader les autres, alors je détiendrai la vérité absolue. Si j'expose un morceau de ferraille en prétendant que c'est de l'art et que j'arrive à convaincre assez de gens, alors tout le monde y verra une œuvre d'art. Vous me suivez ? Le vol n'est plus du vol ni le meurtre du meurtre si tout le monde décide demain de leur donner un autre nom. Le pouvoir ultime, c'est celui de décider ce que les choses sont. »

Se posant souvent comme de fervents défenseurs des causes les plus nobles, ces individus sont pourtant mus par une motivation essentiellement négative : être *contre* plutôt que *pour*. Le faux individualiste ne se bat pas pour des valeurs qui ont un sens pour lui, il se contente de se rebeller contre la norme établie par les autres. Cette mentalité nihiliste est admirablement décrite dans le célèbre roman de Dostoïevski, *Les Possédés*.

L'indépendant est le frère spirituel du tyran et seules les circonstances propres à son histoire feront qu'un individu évoluera dans un sens plutôt que dans l'autre. Pour prendre un exemple dans le domaine de la politique, le nazisme et le communisme attirèrent dans leurs rangs beaucoup de faux individualistes qui par la suite évoluèrent tout naturellement vers la psychologie du tyran. C'est sans aucune difficulté qu'ils renoncèrent à leur prétendue indépendance en faveur d'un sentiment d'appartenance qu'ils trouvaient au sein du Parti.

Dans une culture fondée sur des valeurs de rationalité, de productivité et de respect des droits individuels, l'indépendant se trouverait mis en marge de la société. Mais dans le vide intellectuel qui caractérise notre culture actuelle, il est souvent porté aux nues. Et nous assistons à la glorification de l'inconscience, et de l'excentricité dans ce qu'elle a de plus médiocre. Nous voyons l'absurdité pour l'absurdité, la destruction pour la destruction devenir une *mode*. Bienvenue dans le monde moderne !

Enfin, la métaphysique sociale touche une cinquième et dernière catégorie d'individus, ceux que j'appelle « les ambivalents ».

Tout en se soumettant en grande partie à l'autorité des autres, l'ambivalent a su préserver un certain niveau de souveraineté intellectuelle. L'indépendance chez lui est plus authentique et l'abdication tend à se limiter au domaine des valeurs qui est le point faible par excellence chez toutes les catégories d'individus que j'ai décrites.

L'ambivalent ne remet pas en question les valeurs fondamentales de son environnement social mais il y reste en même temps indifférent et ne leur accorde qu'un respect formel. Il ne cherche pas à acquérir une indépendance intellectuelle et s'en remet volontiers aux autres dans ce domaine. Il tend souvent à restreindre son activité et ses préoccupations à la sphère professionnelle, domaine dans lequel sa confiance en lui et sa souveraineté sont à leur plus haut niveau.

Il souffre lui aussi d'une soif de reconnaissance, mais sa supériorité sur les autres types décrits est incontestable, non seulement parce qu'il fait preuve d'une plus grande indépendance, mais aussi et surtout parce qu'il a le désir de se gagner l'estime des autres par ses accomplissements. D'ailleurs, souvent, il ne trouve aucune satisfaction à être admiré selon des critères qu'il ne respecte pas. Cet individu réalise souvent de grandes choses et fait preuve d'une créativité originale. Son drame réside dans le contraste qui existe entre sa soumission dans sa vie sociale et son indépendance dans sa vie de créateur.

Robert L. était un brillant neurologue qui portait en lui cette ambivalence. Esprit indépendant, créatif et critique dans le domaine scientifique qui était le sien, il faisait preuve dans sa vie personnelle d'un conformisme affligeant. Il était tiraillé entre son désir de plaire et son mépris des concessions qu'il était amené à faire pour produire sur son entourage une impression favorable. Dans sa vie privée, il se refusait à exprimer tout jugement de valeur sans connaître au préalable la position de son auditoire, alors que, dans sa vie professionnelle, qu'il considérait comme un terrain neutre, il n'hésitait pas à s'exprimer librement. « Ce n'est pas que je n'aie pas d'opinion, me confia-t-il un jour d'un air affligé, mais mon esprit se met en retrait. C'est tellement humiliant d'avoir à ce point peur des autres. En fait, j'ai peur de vivre. Voilà mon terrible secret. Et demain, au labo, j'effacerai cette conversation de ma mémoire. »

Les cinq types que je viens de décrire ne doivent pas être vus comme des catégories distinctes et immuables. Un même individu peut parfaitement présenter des traits de caractère appartenant à plusieurs d'entre eux. Je n'ai fait qu'isoler certaines *tendances dominantes,* afin de mieux mettre en évidence les différents schémas de motivation. Si j'en juge par mon expérience, comprendre le concept de métaphysique sociale peut nous rendre certains aspects du comportement humain bien moins mystérieux.

L'obéissance à l'autorité

Notre siècle qui s'achève laissera derrière lui un cortège de massacres et de génocides qui eurent ceci de remarquable que, pour la première fois dans l'histoire de l'humanité, ils étaient le résultat d'une politique d'extermination systématique organisée par des régimes totalitaires, de l'Allemagne nazie aux pays de l'ex-bloc communiste. Or, ce serait se méprendre que d'imputer ces crimes à la cruauté inhérente à l'homme, car il ne s'agissait pas, pour la plupart d'entre eux, d'actes individuels. Les responsables de ces tueries, à tous les échelons, ne faisaient que suivre les ordres, qu'obéir à une autorité supérieure. Ce faisant, ils renonçaient à leur libre arbitre en faveur d'une cause plus importante à leurs yeux que leur conscience individuelle, un mécanisme que décrit Arthur Koestler dans son essai, *Janus :*

« Dans toute l'Histoire, les ravages causés par des excès d'assertion individuelle sont quantitativement négligeables par comparaison avec les boucheries organisées par transcendance altruiste pour la plus grande gloire d'un drapeau, d'un chef, d'une foi ou d'une conviction politique. L'homme a toujours été prêt à tuer mais aussi à mourir pour des causes bonnes, mauvaises ou complètement absurdes. Quelle meilleure preuve de la réalité du besoin d'autotranscendance ? »

Lorsque nous agissons au nom d'un idéal qui nous dépasse, nous perdons le sens de nos responsabilités personnelles et nous pouvons être amenés à commettre des horreurs dont nous serions incapables si nous agissions en notre nom propre. C'est bien pour cela que, dans tous les régimes dictatoriaux, l'individualité a toujours été considérée comme l'ennemi à anéantir. « Dans sa quête d'un bonheur égoïste, déclarait Hitler, l'homme ne fait que s'éloigner du paradis pour tomber dans l'enfer. »

À ce propos, je voudrais rappeler la fameuse expérience qui fut menée par Stanley Milgram et qu'il relate dans son livre, *Soumission à l'autorité* [1].

Cette expérience consistait à faire croire à un premier groupe de sujets qu'ils serviraient la science s'ils administraient des décharges électriques de plus en plus fortes à un deuxième groupe de sujets (bien sûr volontaires), appelés les « élèves », lorsque ces der-

1. Stanley MILGRAM, *Soumission à l'autorité*, Calmann-Lévy.

niers donneraient des réponses fausses aux questions qui leur étaient posées. Son but, avait prétendu Milgram, était d'étudier les effets du châtiment sur l'apprentissage. Ignorant que les élèves jouaient la comédie et que les décharges électriques n'étaient pas réelles, les sujets agresseurs étaient testés à leur insu sur leur disposition à abdiquer toute autonomie morale devant une autorité extérieure. L'expérience prévoyait de nombreux contrôles destinés à éliminer tout élément d'agressivité personnelle. Celui qui la dirigeait n'avait aucun pouvoir sur les élèves et aucune récompense pécuniaire à offrir aux agresseurs en échange de leur obéissance. Les seules phrases qu'il était autorisé à prononcer étaient : « Veuillez continuer » ou : « L'expérience exige que vous continuiez. »

Avant de la tenter, Milgram avait invité une quarantaine de psychiatres à se prononcer sur son issue. À la quasi-unanimité, ces médecins avaient prédit que la plupart des sujets refuseraient d'obéir. Pour eux, la majorité des agresseurs n'iraient pas au-delà de 150 volts (c'est à ce point que les victimes demandaient pour la première fois à être libérées), seulement 4 % iraient jusqu'à 300 volts, et seul un nombre infime d'individus à tendances sadiques pousseraient la puissance de la décharge à son maximum.

Or, il apparut que, sous les incitations du responsable de l'expérience symbolisant l'autorité, et ignorant les cris de souffrance des victimes, plus de 60 % des sujets sélectionnés à l'université de Yale continuèrent à appuyer sur le bouton factice jusqu'à atteindre la limite de 400 volts, bien qu'elle fût accompagnée sur le cadran de la mention « Danger ».

Cette expérience fut réitérée dans d'autres pays avec des résultats similaires, voire plus inquiétants. À Munich, par exemple, la limite maximale fut atteinte par 85 % des sujets agresseurs. Milgram conclut son récit en ces termes :

« Pour qu'un homme se sente responsable de ses actes, il doit avoir conscience que son comportement lui a été dicté par son "moi profond". Dans la situation de laboratoire, nos sujets ont précisément un point de vue opposé : ils imputent leurs actions à une autre personne. Ils nous ont souvent dit au cours de nos expériences : "S'il ne s'en était tenu qu'à moi, je n'aurais pas administré de chocs à l'élève." »

Cet exemple le montre bien : le mal ne vient pas de l'ego mais de son abdication.

Le repli sur l'affectivité

Lorsque toute pensée critique et indépendante a été réprimée, il arrive parfois que nos émotions deviennent la seule expression de notre souveraineté. Hélas, la première d'entre elles est souvent l'anxiété. Essayons à présent de pénétrer le mental d'un individu fonctionnant sur ce mode :

« *La peur que je ressens est la seule chose dont je sois certain. Elle n'est pas une émotion que j'affecte pour faire impression sur les autres, mais une expression réelle de ma personnalité.* »

« *À 3 heures du matin, lorsque je me retrouve seul, sans personne pour m'approuver ou me désapprouver, je sais que je suis bien plus qu'une image réfléchie par ceux qui m'entourent et que le monde n'est pas tel que les autres me le décrivent. Pourtant cette certitude n'est pas une pensée consciente et raisonnée, plutôt un sentiment diffus, comme un signal perdu dans la brume.* »

« Si j'ai parfois des moments de lucidité lorsque je regarde le monde par mes propres yeux, c'est souvent grâce à une intelligence subconsciente qui capte et intègre des informations en dehors du réseau de ma servilité. C'est elle qui m'envoie des signaux sous la forme d'émotions et de pensées vagues que je ne sais souvent pas interpréter. Il m'est difficile de déterminer à quel moment ces signaux sont le produit d'une rationalité subconsciente et à quel moment, au contraire, ils sont l'expression de mes distorsions. Il m'est difficile de savoir à quel moment je vois les choses clairement et à quel moment je ne fais que substituer mes propres illusions à celles des autres. On me dit de faire confiance à mon intuition, mais elle n'est pas toujours juste. On me dit que ma faculté de raisonner devrait m'aider dans mon combat, que je dois apprendre à tester la réalité, mais qui suis-je pour penser ? Qui suis-je pour juger et pour décider ? Et que se passera-t-il si les autres ne sont pas d'accord avec moi ? Je suis un étranger apeuré dans un monde que je n'ai pas créé. »

L'individu qui vit dans cet état de conscience aura souvent tendance à faire davantage confiance à ses émotions et à son instinct qu'à sa raison. Or la raison, dans notre recherche d'autonomie, ne doit pas être vue comme une ennemie mais comme une alliée.

Toutefois, il convient de ne pas la confondre, comme le font beaucoup de gens, avec ce qui est raisonnable, c'est-à-dire fondé sur la tradition. Nous devons agir ou penser d'une certaine façon parce que c'est ce que tout le monde a toujours fait. Les femmes ont toujours été soumises à leur époux, il serait déraisonnable de protester contre cet état de fait. À l'évidence, cette argumentation est fallacieuse.

Croire que la voie du consensus est toujours raisonnable et celle de l'opposition toujours déraisonnable procède de la métaphysique sociale.

Pour atteindre à l'autonomie, l'individu prisonnier de la métaphysique sociale doit faire alliance avec la raison contre ce que les autres appellent le raisonnable. Car s'il ne possède en propre que ses émotions, il repose sur des bases peu solides. Il le sait, et c'est pourquoi il se sent souvent si vulnérable.

Dans ce contexte, les émotions ont une importance certaine en ce sens qu'elles sont le reflet de ce que l'individu perçoit et intègre hors du cadre de la conscience explicite et verbale. Il faut donc les analyser afin de déterminer si elles nous donnent accès à une information précieuse ou si elles ne sont que le produit d'une distorsion ou d'une erreur d'interprétation. Nos sentiments peuvent nous mettre sur le droit chemin ou, au contraire, nous égarer. Au bout du compte, notre seul instrument pour naviguer sur les flots de la vie, c'est notre raison, notre aptitude à tester la réalité.

Mais si nous pensons que les autres ont une meilleure appréciation de la réalité que nous, alors nous sommes tentés de croire que leur voix est celle de la raison. Et qu'advient-il de nous alors ? Nous ne pouvons espérer survivre dans le monde en nous laissant guider par notre seule intuition, car tôt ou tard nous finissons par retrouver notre ancien état de dépendance et de soumission aux croyances et aux idées de ceux qui nous entourent. En désespoir de cause, nous nous persuadons que toute tentative de rébellion contre la métaphysique sociale est vouée à l'échec et nous nous résignons à vivre par procuration.

Dans ma pratique de psychothérapeute, j'ai appris à ne pas négliger les signaux intérieurs et à tirer les enseignements des émotions. Car il s'agit d'aspects vitaux dans notre recherche de l'autonomie. Mais pour que l'entreprise soit couronnée de succès, il faut former une alliance entre les sentiments et l'intelligence, entre les émotions et la raison, entre l'intuition et la logique.

Hélas, notre système éducatif se rend coupable d'un crime inexcusable en négligeant de développer l'esprit critique chez les élèves. Nul ne devrait quitter l'école sans avoir appris à reconnaître les raisonnements fallacieux. Si notre but est de former des adultes indépendants et responsables, il nous faut enseigner à notre jeunesse l'art de réfléchir.

Car celui qui choisit de vivre en accord avec son esprit et d'accorder toute confiance à ce qu'il perçoit se construit un moi en harmonie avec l'univers. Fuir nos responsabilités et déléguer à autrui la tâche de juger et de penser à notre place contribuent à créer en nous un vide que nous demandons ensuite aux autres de combler. En agissant ainsi, nous nous aliénons, nous nous dissocions de nous-mêmes et de la réalité. *Devenir une personne* est la récompense que nous obtenons lorsque nous acceptons nos responsabilités.

4

Une vie responsable

Comme je l'ai déjà dit, nous sommes responsables de notre vie, de notre bien-être et de nos actes dans tous les domaines où peut s'exercer notre choix. Dans ce chapitre, je m'attacherai à définir ces domaines et à décrire ce que peut être une vie responsable.

Lorsque nous évoquons la question de la responsabilité, il est important de tenir compte des différents aspects de notre vie, dans la mesure où nous pouvons être responsables dans un certain contexte et passifs dans un autre. Par exemple, nous pouvons nous assumer sur le plan financier mais être dépendants sur le plan affectif ; être actifs lorsque nous travaillons pour notre compte et irresponsables lorsque nous travaillons pour quelqu'un d'autre. Aucun individu, en effet, n'est entièrement irresponsable. Dans ce domaine, tout est affaire de contexte. C'est pourquoi j'ai établi la liste suivante dans le but de définir un certain nombre de champs où nous pouvons exercer notre sens des responsabilités :

Je suis responsable du niveau de conscience que j'accorde à mes activités.

Je suis responsable de mes choix, de mes décisions et de mes actes.

Je suis responsable de la satisfaction de mes désirs.

Je suis responsable de mes convictions et de mes valeurs.

Je suis responsable de la façon dont j'organise mon temps.

Je suis responsable du choix de mes partenaires.

Je suis responsable des rapports que j'entretiens avec autrui.

Je suis responsable de mes sentiments et de mes émotions.

Je suis responsable de mon bonheur.

Je suis responsable de ma vie et de mon bien-être.

Nous allons à présent définir comment notre sens des responsabilités peut se manifester dans chacun des domaines évoqués.

Je suis responsable du niveau de conscience que j'accorde à mes activités. Confrontés à n'importe quelle situation, nous avons toujours la possibilité de choisir le niveau de conscience avec lequel nous opérons. Quel que soit le degré d'attention que nous accordons à la situation, il est le résultat d'un choix qui nous appartient en propre et par lequel s'exerce notre libre arbitre.

Que je travaille sur un projet, que j'assiste à un cours, que je joue avec mes enfants, que je discute avec mon épouse, que je conduise ma voiture ou que je me débatte avec un problème personnel, je *serai dans tous les cas responsable du niveau de conscience que j'accorderai à la situation*.

Si nous acceptons ce fait et que nous en assumons la responsabilité, nous accédons à une plus grande lucidité. Mais souvent nous résistons, parce que nous redoutons que cet éveil à la conscience n'ait pour nous plus d'inconvénients que d'avantages. Cette peur, je l'ai maintes fois entendu exprimer par mes patients, notamment dans les exercices de terminaison de phrases.

« Si j'apporte une plus grande conscience à mes activités de tous les jours... » Lorsque je demande à mes patients de compléter cette phrase en donnant chaque fois une fin différente, certes, j'obtiens beaucoup de réponses positives, cependant un certain nombre de réponses négatives reviennent de façon récurrente :

Je devrai travailler plus dur.

Les gens attendront plus de moi.

Je réaliserai à quel point je déteste mon boulot.

Je pourrai commettre une erreur.

Je ne pourrai plus feindre l'ignorance.

Je devrai résoudre les problèmes lorsque je les verrai.

Je devrai faire remarquer à certaines personnes qu'elles se trompent et après elles m'en voudront.

Je ne pourrai plus tirer au flanc.

Je me sentirai trop responsable.

Je ne serai plus capable de m'amuser.

« Le problème, si j'augmente mon niveau de conscience, c'est que... » Ce début de phrase suscite souvent les réponses suivantes :

Je verrai trop de choses.

Je serai obligé de changer ma vie.

Mon mariage se cassera la figure.

Je devrai admettre que je déteste certains de mes amis.

Je devrai travailler plus dur.

Mon patron m'en demandera de plus en plus.

Je n'aurai plus d'excuses.

Je devrai admettre combien je suis en désaccord avec les valeurs véhiculées dans ma famille.

Quand je veux amener mon patient à mesurer les conséquences néfastes que pourrait avoir son entêtement à ne pas accorder aux choses toute l'attention requise, je lui soumets le début de phrase suivant : « Si je continue à fonctionner dans cet état de semi-conscience... », et voici les réponses que j'obtiens :

Ma vie ne s'arrangera jamais.

Je continuerai à creuser ma tombe.

Je ne me respecterai pas.

Je n'aurai plus d'espoir de m'en sortir.

Je ne pourrai plus me regarder dans une glace.

Je continuerai à me sentir déprimé.

Je resterai pris au piège.

À quoi bon vivre ?

Ces exercices, que j'ai pratiqués au fil des ans avec de nombreux patients, m'ont conforté dans ma conviction qu'en leur for intérieur les gens savent ce qu'ils font lorsqu'ils évitent de réfléchir et qu'ils opèrent avec un état de conscience réduit. Certes, je comprends leurs peurs. Nul ne peut nier que vivre en étant conscient nous oblige à des choix parfois douloureux. Il n'en demeure pas moins que nous avons une responsabilité dans ce domaine comme dans beaucoup d'autres et que, quel que soit le niveau de conscience choisi, il aura des répercussions sur la qualité de notre existence.

À court terme, la lucidité peut paraître présenter beaucoup d'inconvénients, mais considérée du point de vue de notre survie, elle a énormément plus de valeur que l'aveuglement. Plus nous élevons notre niveau de conscience, plus nous augmentons nos chances de connaître la joie et l'épanouissement. J'ai connu beaucoup de gens qui déploraient avoir agi durant leur vie dans un état de conscience réduit, que ce soit dans le choix de leur partenaire, dans l'éducation de leurs enfants, ou dans leur façon de traiter leur corps et de prendre en charge leur santé ; mais à ma connaissance, personne ne s'est jamais plaint d'avoir accordé trop d'attention aux choses ni d'avoir pris des décisions en toute lucidité et après les avoir mûrement réfléchies.

Le but du thérapeute est précisément de rappeler ces évidences. Et quand je dis que nous sommes responsables du niveau de conscience avec lequel nous abordons les situations, je ne cherche pas à prétendre que nous pouvons exercer sur notre esprit un contrôle absolu. Supposons que quelqu'un me demande de prendre une décision à un moment où je n'ai pas les idées claires parce que je suis fatigué. Être responsable, dans un tel cas, consistera à dire : « Je ne prendrai pas cette décision maintenant car je n'ai pas confiance dans mon jugement en ce moment. » Autrement dit, je peux me trouver dans l'incapacité d'apporter à une situation le niveau de conscience requis mais je reste capable d'évaluer mon état et d'agir en conséquence.

En psychothérapie, nous apprenons parfois aux gens à dire : « Je suis incapable de discuter maintenant parce que je suis trop en colère (inquiet, énervé...). Je dois d'abord me calmer. »

De la même façon, nous pouvons apprendre à déterminer si nous sommes ou non en état de répondre aux exigences de la situation. Et si nous jugeons cet état inadéquat, nous devons alors le changer ou reporter notre décision. Ce faisant, nous agissons en personne responsable.

À l'inverse, si nous entreprenons des actions qui

réclament toute notre attention alors que nous ne nous trouvons pas dans l'état d'esprit adéquat, nous devrons en assumer les conséquences. Par exemple, si quelqu'un prend le volant après avoir absorbé de l'alcool et provoque un accident mortel, son état d'ébriété ne pourra en aucun cas être utilisé comme excuse, mais sera au contraire une circonstance aggravante.

Quant aux répercussions que peut avoir sur les autres le fait qu'une personne accepte ou non la responsabilité d'éveiller sa conscience, posons-nous la question suivante : Préférons-nous, dans notre famille, dans notre couple ou dans notre travail, avoir affaire à des individus lucides et responsables ou à des zombies perpétuellement plongés dans un brouillard mental ?

Chacun d'entre nous, lorsqu'il prend la responsabilité d'accorder plus d'attention à ses décisions et à ses actes, contribue à créer un monde meilleur pour tous ceux qui l'entourent.

Mais notre niveau de conscience n'a pas de conséquences que sur les autres, il a une incidence directe sur l'estime que nous nous portons et sur la réussite de notre adaptation à la réalité. Car l'intelligence bien exercée est notre premier moyen de survie.

Je suis responsable de mes choix, de mes décisions et de mes actes. Si je me reconnais comme la cause de mes choix, de mes décisions et de mes actes et que j'en accepte la responsabilité, j'adopterai un comportement plus sensé et plus approprié à la réalité que si je n'ai pas conscience de ce rôle d'initiateur.

Très souvent, lorsque nous nous apprêtons à commettre un acte irrationnel, nous devenons oublieux de notre responsabilité, comme si les choses se produisaient d'elles-mêmes. C'est un mode de fonctionnement qu'adoptent en permanence ceux qui s'adonnent à l'alcool ou aux drogues. « Je ne suis pas responsable, j'étais complètement "défoncé" quand c'est arrivé. » Mais que l'on ne s'y trompe pas : nous sommes responsables si nous choisissons d'absorber des substances qui influent sur notre conscience.

En acceptant notre responsabilité dans tout ce que nous faisons, nous réduisons les risques de commettre des actes dont nous pourrions avoir à rougir plus tard. En ne nous distanciant pas de notre comportement, nous restons ancrés dans le réel et, comme nous sommes plus clairvoyants, nous tendons à agir d'une manière plus sensée.

À l'inverse, si nous agissons alors que notre jugement est altéré, nous risquons de diminuer notre conscience, de nier nos responsabilités et de nous dissocier de notre comportement. Lorsque nous sommes dans cet état, *nous perdons de vue le fait que nous sommes la cause des effets que nous produisons*.

Considérons, par exemple, notre vie sexuelle. Dans ce domaine, nos choix sont l'expression de certains aspects profonds de notre personnalité et des conflits que nous n'avons pas résolus. Contrairement à ce que nous avons tendance à croire, le sexe n'est pas qu'une affaire physique, loin s'en faut. Tout comme nous pouvons éviter de nous confronter à certaines facettes de notre âme, nous pouvons aussi désavouer leur manifestation dans notre comportement. Ainsi, il peut nous arriver de commettre une action puis de nous dire : « Ça ne me ressemble pas. » Nous pouvons rester aveugles aux manifestations les plus révélatrices de notre personnalité, nier leur importance et nous sentir pourtant condamnés à les réitérer. Le sexe est la sphère dans laquelle nous pouvons nous exprimer de la façon la plus éloquente tout en refusant d'assumer la responsabilité de ce que nous faisons. Nous nous cachons dans le brouillard de la distanciation pour protéger une idée fausse que nous avons de nous-mêmes.

— J'ai couché avec plusieurs centaines de femmes, me déclara un jour Lawrence M., un banquier de quarante-sept ans. Pourtant, chaque fois, c'est comme si j'étais ailleurs.

Cet homme était venu me consulter parce qu'il se plaignait de n'avoir jamais eu dans sa vie la moindre relation intime et parce qu'il savait que cette intimité le terrifiait.

— Je ne me considère pas comme un don Juan et pourtant... Je n'éprouvais aucun sentiment particulier pour ces femmes et je ne me suis jamais senti proche d'aucune d'elles. J'ai l'impression que c'était un autre qui agissait à ma place.

— Et si, lui répondis-je, lorsque vous êtes au lit avec l'une de vos conquêtes, vous vous disiez : « Je suis responsable d'avoir choisi cette femme et d'être avec elle en ce moment... » ?

— Oh, si je me posais cette question, je ne me trouverais même pas dans cette situation, car rien de tout cela n'arriverait. Je me sentirais idiot et je crois même que je me mépriserais.

J'écoutais cet homme qui me parlait et je trouvais que les mots sortaient bien trop facilement de sa bouche, comme si à ce moment-là encore il se dissociait de la situation et continuait à fuir toute responsabilité personnelle.

Je le regardai en silence, puis me mis à parler avec un débit exagérément lent. Je remarquai alors que sa respiration s'était faite plus profonde. Il se pencha vers moi et, pour la première fois ce jour-là, il devint pleinement présent.

— Pour agir ainsi, lui suggérai-je, il vous fallait d'abord faire taire en vous la voix de votre conscience, cette conscience qui vous disait que vous aviez choisi de faire ce que vous faisiez.

— Oui, vous avez raison.

Je répétai alors à dessein ce que je venais de dire en formulant autrement ma pensée.

— Vous deviez désavouer toute responsabilité personnelle dans le fait de coucher avec des femmes que vous n'aimiez pas.

— Oui, c'est ça, mais je ne mettais pas de mots sur cette idée. Bien sûr, ça ne marche pas et après, l'amertume est toujours là.

— Maintenant que vous avez compris, lui dis-je, je me demande quel choix vous allez faire...

— Vous attendez déjà de moi que je sois responsable, n'est-ce pas ? En mettant la balle dans mon camp, en ne me donnant aucun conseil...

— Exactement.

La réalité de nos motivations inconscientes ne devrait pas nous rendre aveugles à la réalité du choix. Que nos actes soient souvent motivés par notre inconscient ne signifie pas que nous n'en soyons pas responsables. D'où l'utilité de la thérapie, car l'individu engagé dans ce processus va peu à peu prendre conscience du rôle qu'il joue dans l'initiative de ses actes et adopter un comportement plus efficace, moins destructif, et cela indépendamment de ce qu'il pourra découvrir ou non sur ses motivations profondes.

Je ne veux pas dire que la compréhension des mécanismes inconscients est inutile ou vaine, mais simplement qu'elle n'est pas toujours la condition *sine qua non* d'un changement.

À mesure que Lawrence prenait conscience de sa responsabilité dans son comportement sexuel, il devint plus spontanément capable de faire preuve de discernement. Peu à peu, il se mit à ressentir un dégoût conscient chaque fois qu'il retombait dans ses anciens travers et il sentit grandir en lui un désir de détruire la barrière qui l'empêchait d'entretenir une relation authentique avec une femme.

Elsie M. était âgée d'une quarantaine d'années. Elle était venue me trouver parce qu'elle avait eu plusieurs aventures et qu'elle craignait de perdre son mari. Celui-ci avait découvert son infidélité et, ensemble, ils essayaient de trouver une solution à leur problème.

Il apparut que ces adultères se produisaient toujours lorsque Elsie était ivre. Je lui demandai donc indirectement si la boisson pouvait être chez elle une façon de refuser la responsabilité de ses actes.

— Je crois que j'ai bien le droit de boire lorsque j'en ai envie, me répondit-elle. Et de flirter un peu. Mais les hommes sont trop entreprenants. Même si nous leur disons « non », ils ne veulent rien entendre.

Je demandai alors à Elsie ce qui, à son avis, la poussait à ces aventures. Elle haussa les épaules et me fit une réponse vague qui ne l'engageait pas. Je lui demandai donc si elle pensait faire comprendre aux hommes par sa conduite qu'elle consentait à avoir une relation avec eux.

— Je vois, vous vous attaquez à la victime, me rétorqua-t-elle sur un ton agressif.

Pour la rassurer, je lui dis que je m'efforçais simplement de comprendre la situation et que je m'interrogeais sur les raisons de sa colère.

Il devint clair à mesure qu'avançait notre entretien que cette femme n'avait aucunement conscience d'avoir une responsabilité dans ce qui lui arrivait. Elle parlait de ses actes comme d'une sorte de maladie, certes ennuyeuse, mais échappant totalement à la sphère de ses choix personnels. Et chaque fois que je suggérais qu'elle pût avoir volontairement provoqué ces aventures, je déclenchais la même réaction de défense. Tout en clamant vouloir régler son problème et sauver son mariage, cette femme restait focalisée sur l'agressivité des hommes en se posant comme une victime de la sexualité masculine.

Lorsque je lui demandai de compléter les débuts de

phrases que je lui proposais, elle refusa de coopérer, arguant que le procédé était trop artificiel. Après plusieurs séances qui toutes se révélèrent frustrantes et improductives, nous décidâmes d'un commun accord de mettre fin à la thérapie. J'appris plus tard qu'elle avait consulté une de mes consœurs, une femme très compétente, mais qu'elle avait là encore abandonné la thérapie après la troisième séance.

Elsie se plaçait dans la position d'une victime et ne pouvait dépasser cette vision qu'elle avait d'elle-même. Elle était convaincue de n'avoir aucune forme de responsabilité dans son comportement sexuel. Elle s'accrochait à l'alibi de son impuissance comme un naufragé s'accroche à une bouée de sauvetage, mais elle ignorait que ce qu'elle croyait être une planche de salut allait la conduire à sa perte.

Il était indéniable que des forces inconscientes s'affrontaient en elle et qu'elle n'avait pas le moindre désir d'ouvrir les yeux sur la réalité. Elle refusait de comprendre ses motivations, d'affronter la peur de se regarder en face et d'admettre qu'elle avait dans le domaine de sa sexualité un pouvoir et une responsabilité. Dans son cas, la thérapie s'imposait. Car Elsie devait comprendre qu'elle ratait une occasion d'exercer son sens des responsabilités. Je ne prétends pas qu'une thérapie aurait suffi à résoudre ses problèmes, mais au moins elle aurait permis d'entamer le travail. Elsie n'avait aucun espoir de se débarrasser d'un comportement néfaste tant qu'elle serait incapable de se dire : « Ces actes sont les miens, et j'en assume la responsabilité. »

Quelque part, et c'est ce qui est significatif dans son cas, Elsie savait que, pour persister dans ce comportement, elle devait s'accrocher à son inconscience et à son irresponsabilité. Ou, pour dire les choses d'une façon positive, elle savait que si elle coopérait à la thérapie au point de porter un regard plus lucide sur sa sexualité et de reconnaître sa part de responsabilité dans ce domaine, *il lui serait beaucoup plus difficile de continuer à fonctionner comme par le passé*.

Je reste convaincu qu'Elsie avait beaucoup plus à donner à la thérapie qu'elle n'a choisi de le faire. Au cours de ma carrière, j'ai rencontré beaucoup de gens qui montrèrent au départ les mêmes résistances, et qui finirent pourtant par les vaincre. Tous ces patients me firent clairement comprendre, au cours de nos entretiens et dans les exercices que je leur soumettais, qu'en leur for intérieur ils savaient ce que l'un d'eux, prenant un ton ironique, exprima un jour en ces termes : « En commençant à m'approprier mes actes et à en prendre la responsabilité, je croyais que ce serait le début de la fin. C'est pour cette raison que je résistais. »

Je suis persuadé que le plus grand service que nous puissions rendre aux gens est de refuser d'accréditer la vision restreinte qu'ils ont d'eux-mêmes. Une bonne thérapie consiste souvent à amener les patients à découvrir qu'ils savent beaucoup plus qu'ils ne le croient. Et ce n'est pas faire preuve de compassion que de prendre pour argent comptant leurs protestations d'impuissance.

Si, pour illustrer mon propos, j'ai pris deux exemples concernant la sexualité, il va de soi que les principes exposés s'appliquent à tous nos domaines de décision et d'action.

Existe-t-il des contextes dans lesquels nous sommes véritablement impuissants ? À cette question, je répondrai que oui. C'est bien pourquoi la thérapie ne consiste pas à dire aux gens qu'ils doivent se secouer pour s'en sortir. Au contraire, elle s'attache à retrouver chez le patient des pouvoirs qui ont été aliénés ou désavoués et à s'en servir comme base de travail. Les exercices pratiqués en thérapie ont donc pour but de stimuler des pouvoirs bel et bien existants mais méconnus ou reniés.

Passons à présent de la sexualité à un autre problème auquel beaucoup d'entre nous peuvent s'identifier, celui de l'alimentation. Les boulimiques ont souvent tendance à avaler leurs aliments tout ronds, sans en apprécier le goût. Lorsqu'ils mangent, ils entrent dans une forme de transe où n'existent plus ni conscience ni responsabilités. C'est pourquoi il est souvent conseillé à ces personnes d'absorber leur nourriture plus lentement, en la mâchant bien pour en goûter toute la saveur, ce qui permet d'enrayer cet automatisme compulsif propre à la boulimie. Cette démarche suffit rarement à régler le problème mais, au dire de certains de mes patients, elle apporte une aide non négligeable.

Lors d'une thérapie de groupe, voici ce que déclara un homme qui s'exprimait sur cette question : « J'ai compris que lorsque j'engloutissais les aliments sans en sentir le goût, je n'étais pas là. Ma conscience, mon moi, mes responsabilités, tout disparaissait comme par enchantement. En commençant à prendre la responsabilité de mon comportement vis-à-vis de la nourriture, j'ai bien sûr perdu du poids, mais il s'est passé autre chose. Mon moi s'est mis à grandir, et c'était comme s'il se réappropriait des terres qu'il avait laissées en friche. »

Je n'avais jamais entendu personne employer des mots aussi clairs pour exprimer mon idée selon laquelle nous nous construisons à travers les responsabilités que nous acceptons d'assumer.

Pour passer encore à un autre domaine de l'activité humaine, je me rappelle, il y a des années de cela, avoir animé une séance de thérapie de groupe durant laquelle je m'étais mis à m'interroger sur l'inintelligibilité que je percevais dans le discours de certains participants. Cette séance ne se distinguait en rien des autres, à ceci près que j'étais ce jour-là particulièrement sensible à cette absence de clarté que je notais dans les déclarations de certains membres du groupe. J'en étais au point de me demander si je ne devenais pas hyperréactif, quand j'eus l'idée de faire circuler dans le groupe une phrase à compléter. Cette phrase était la suivante : « Si je prenais la responsabilité de chaque mot que je prononce... »

Je ne l'avais jamais utilisée auparavant et j'étais très curieux de savoir quels résultats j'obtiendrais.

J'ai retranscrit à partir de l'enregistrement de la séance certaines réponses qui me furent faites ce jour-là :

Je devrais me placer dans un état mental bien plus élevé.

Je devrais m'exprimer plus clairement.

J'aurais peur que mes paroles soient jugées.

Je révélerais trop de choses sur moi-même.

Je serais obligé d'être conscient.

J'aurais peur d'ouvrir la bouche *(rires)*.

Je serais davantage pris au sérieux.

Je serais plus responsable de la qualité de mon discours.

Je serais engagé par mes paroles.

Je devrais opérer à un autre niveau mental.

Je serais plus intelligible.

Je ne dirais rien de stupide ou de blessant.

Je serais obligé d'être plus honnête.

Cet exercice sembla galvaniser le groupe. L'excitation montait dans la salle. Tous s'accordèrent à dire que s'ils étaient plus conscients d'être la source des mots sortant de leur bouche, la qualité de leurs discours s'en trouverait grandement améliorée.

— Mais personne n'a besoin d'atteindre à un tel

niveau de conscience ! protesta quelqu'un dans l'assistance.

L'aîné du groupe, un homme de soixante ans, père de trois garçons, prit une expression songeuse et triste.

— Je ne sais, pas, dit-il. Je me souviens des paroles terriblement cruelles que j'ai pu dire à mes fils, de mes brusques sautes d'humeur, de mes emportements lorsque j'étais insatisfait... et des cicatrices que j'ai laissées, pareilles à celles que les terribles colères de mon père avaient laissées sur moi... jamais il ne m'aurait été possible de parler ainsi si j'avais pris la responsabilité de mes paroles au moment où je les prononçais.

La tentation d'éviter la responsabilité de nos actes peut se manifester dans tous les aspects de notre vie. Je pense à ce P.-D.G. qui vint récemment me consulter. Fred M. dirigeait une compagnie d'assurances en pleine expansion. Cette société était sa fierté. Mais Fred se plaignait d'avoir très peu de temps pour lui.

— J'aimerais bien m'évader par moments, mais vous imaginez combien cela m'est difficile. (Il n'ignorait pas que cette boulimie de travail était excessive et pouvait avoir à la longue des conséquences sur sa santé et même sur son entreprise.) J'ai besoin d'avoir une vie plus équilibrée. Mais j'ai beau le savoir, je résiste.

Je lui demandai d'imaginer ce qu'il ferait si la résolution de ce problème était pour lui un but aussi conscient que celui de faire signer un contrat à un nouveau client. Immédiatement, il refit devant moi son emploi du temps en se réservant un espace pour ses loisirs.

— Je viens brusquement de comprendre que je n'avais jamais réellement cherché à résoudre ce problème, m'avoua-t-il. Et je ne faisais que me plaindre sans rien régler. À présent, je comprends aussi autre chose. Dans le passé, quand je travaillais trop longtemps sans m'accorder de pause et que mon corps réclamait ce repos, je résolvais le problème en me rendant malade. J'avais alors une excuse pour m'arrêter et me reposer. C'était plus facile ainsi car je ne faisais pas de moi-même la démarche de m'interrompre. Je rejetais la responsabilité sur mon corps et je pouvais me dire : « Je n'ai décidé de rien, c'est mon fichu corps qui me trahit. »

— Vous ne vouliez pas assumer la responsabilité de prendre quelques jours de vacances, dis-je.

— C'est exactement ça. Pour ne pas être responsable, je me trompais moi-même en me persuadant que j'étais la victime d'un mauvais rhume.

— Pensez-vous qu'il vous sera facile de changer votre comportement ?

— J'aime bien votre idée de faire mon objectif de la résolution de ce problème. C'est un discours de battant et ça me convient bien.

Il y a quelques années de cela, alors que je donnais une conférence dans une université, je fis la connaissance de George T., un jeune Noir de vingt-trois ans, étudiant en psychologie. Adolescent, il avait été arrêté et jugé pour pillage et cambriolage. Son avocat lui avait obtenu un acquittement grâce un système de défense qui présentait George comme la double victime de la discrimination raciale et d'un mauvais environnement.

J'avais tout de suite été frappé par la pertinence des questions que me posait ce garçon. Après mon exposé, nous allâmes nous asseoir sur la pelouse du campus et c'est là qu'il me raconta son histoire.

— Depuis cet acquittement, me confia-t-il, j'éprouve comme un malaise, et je me sens humilié. Je ne savais pas quelle était la cause de mon problème jusqu'à ce que je vous entende parler cet après-midi. Je savais juste que j'étais à la fois soulagé de ne pas aller en prison et mécontent de la façon dont mon procès s'était déroulé. Mais je viens brusquement de comprendre ce qui m'a travaillé pendant ces six années. *Je déteste — j'ai toujours détesté — être considéré comme une victime*. C'est dégradant. Vous perdez votre qualité d'être humain. Et je voudrais dire aujourd'hui que je savais ce que je faisais alors, et que j'avais choisi de le faire. *Je suis responsable*.

— Pourquoi ressentez-vous le besoin de me dire cela ? lui demandai-je.

— Parce que c'est la vérité. Et parce que, en la disant, vous retrouvez votre dignité. (Il se corrigea et reformula sa phrase :) *Je* retrouve ma dignité.

— On dirait que vous avez beaucoup réfléchi pendant toutes ces années.

— Tout ce que je sais, c'est que me voir en victime... parce que je n'avais pas de père, que j'avais un frère en taule et un autre accro au crack... que mettre tout cela sur le dos des autres, c'était accepter de me soumettre. Mon avocat ne cessait de me répéter que je n'avais pas eu le choix. Mais tout ça, c'est des conneries. Des gens qui ont la même histoire que moi arrivent à s'en sortir sans devenir des voleurs. C'est à ça que je pensais pendant que je vous écoutais. Votre discours est tellement différent de tout ce que je peux entendre dans mes autres cours. Si vous savez que vous êtes responsable de votre vie, vous trouvez un moyen de vous en sortir. Un jour ou l'autre, vous finissez par trouver.

— Pourtant, beaucoup de gens refusent leurs responsabilités, objectai-je.

— C'est vrai, mais on ne les aidera pas en leur disant qu'ils ont raison, en les encourageant à végéter dans cette merde qui les tue à petit feu.

J'écoutais ce garçon parler et je me disais que la vie est décidément pleine d'imprévus. Ce jeune homme avec son passé de délinquant faisait montre d'un sens moral bien plus grand que certains de ses professeurs.

À présent, pour conclure cette partie sur une note plus légère, je voudrais donner quelques exemples qui concernent la conduite automobile et qui tous ont en commun de montrer comment, dans ce domaine également, nous pouvons fuir nos responsabilités. Les déclarations que vous allez lire ont été relevées sur des constats d'accident destinés aux assurances. Et bien que certaines d'entre elles soient particulièrement loufoques, elles n'en demeurent pas moins révélatrices des comportements irresponsables que nous pouvons adopter lorsque nous sommes au volant.

• En rentrant chez moi, je me suis trompé de maison et je suis entré en collision avec un arbre qui ne pousse pas dans mon jardin.

• Un piéton m'a heurté et a glissé sous ma voiture.

• Je rentrais chez moi après avoir fait des achats chez le pépiniériste. Au moment où j'arrivais au carrefour, un troène m'a sauté au visage, me cachant la route. Je n'ai pas vu l'autre voiture venir.

• Alors que je m'engageais sur le rond-point, un panneau est soudain apparu devant mes yeux à un endroit où il n'y en avait jamais eu.

• Une voiture invisible a surgi de nulle part, est venue heurter mon véhicule et s'est ensuite évanouie.

• Le piéton ne savait pas par où passer, alors je lui suis passé dessus.

• La cause indirecte de cet accident est un petit homme dans une petite voiture avec une grande bouche.

• Le poteau télégraphique fonçait sur moi. Je tournais le volant pour l'éviter quand il a heurté l'avant de mon véhicule.

Personne ne se sentirait en sécurité sur la route si la majorité des conducteurs adoptaient la philosophie qui ressort de ces déclarations. Mais qui peut prétendre être en sécurité dans un monde où la plupart des gens vivent selon une philosophie similaire ?

Si nous laissons de côté l'aspect humoristique de ces déclarations, nous pouvons nous demander si nous aussi nous utilisons des arguments de cette nature pour excuser ou justifier nos actes.

Je suis responsable de la satisfaction de mes désirs. Le jeune enfant attend naturellement de ses parents qu'ils satisfassent ses moindres désirs. C'est dans l'ordre des choses, et il exprime spontanément ses souhaits dans l'espoir qu'ils seront exaucés.

En grandissant, nous découvrons que nous avons la responsabilité de satisfaire au moins quelques-uns de ces désirs. Si nous voulons de l'argent, nous devons le gagner. Si nous voulons de la nourriture, des vêtements ou une nouvelle voiture, nous devons gagner l'argent nécessaire à leur acquisition. Un adulte qui ne ferait pas une telle découverte serait considéré comme immature, car dans notre esprit la dépendance financière est associée avec l'état d'enfant.

Mais, bien sûr, nous avons d'autres désirs, que nous ne pouvons pas satisfaire par un biais financier.

Je veux une vie de couple harmonieuse : dois-je considérer qu'il appartient à quelqu'un d'autre de m'apporter ce bonheur, ou prendrai-je la responsabilité de faire tout ce qui est en mon pouvoir pour atteindre le but que je me suis fixé ? *Que suis-je prêt à faire pour obtenir ce que je désire ?*

Je veux résoudre un conflit qui m'oppose à mon épouse : attendrai-je qu'elle vienne à moi, ou prendrai-je l'initiative de trouver une solution à cette querelle ? *Vais-je bouder dans mon coin ou au contraire réfléchir et agir ?*

Je veux élever mes enfants pour en faire des individus épanouis, responsables et sûrs d'eux : vais-je me contenter d'écouter mon cœur en pensant que mes bonnes intentions seront suffisantes, ou vais-je étudier la question, et peut-être consulter des ouvrages sur l'éducation ? *Combien de mon énergie vais-je consacrer à cette tâche ?*

Je veux devenir écrivain (scientifique ou professeur) : vais-je laisser ce désir à l'état de fantasme ou vais-je œuvrer pour atteindre mon but ? *Vais-je me fixer un plan d'action et m'y tenir ?*

Dans de nombreux cas, l'accomplissement de nos désirs dépend en partie d'une coopération des autres. Quoi que je fasse, par exemple, je ne pourrai réussir ma vie de couple sans la participation de mon partenaire. Mais la question essentielle est la suivante : Prendrai-je la responsabilité de la partie qui m'incombe ? Pour faire prospérer mon entreprise, j'ai besoin de la coopération de mes collaborateurs. Dans ce cas, ma responsabilité sera de ne pas tenter de *tout* faire par moi-même. Je dois donc déterminer ce qui dépend et ce qui ne dépend pas de moi.

Si je me fixe un but que je ne peux atteindre sans la participation d'autres personnes, je dois également tenir compte des intérêts de ces gens. Ce qui signifie que je devrai proposer des valeurs qui auront pour eux un sens et qui les motiveront et que je devrai aussi être conscient du fait que nul n'est sur cette terre pour me servir.

Un manager responsable ne se dit pas : « Qu'est-ce qui ne va pas chez mes collaborateurs pour qu'ils ne réussissent pas mieux ? » mais : « Que dois-je faire pour tirer d'eux le meilleur ? »

L'une des principales causes d'insatisfaction chez beaucoup d'entre nous est cette croyance en un sauveur qui se matérialisera un jour pour résoudre tous nos problèmes et pour combler tous nos désirs. C'est pour cette raison qu'avec mes patients j'insiste bien sur le fait que ce sauveur n'existe pas. Personne ne viendra régler leurs problèmes et rendre leur vie meilleure. Je leur répète que, s'ils n'agissent pas, rien ne s'arrangera jamais.

Renoncer à ce rêve présente un grand avantage, celui de nous permettre de reprendre le contrôle de notre vie. Quand nous cessons d'attendre, nous devenons libres d'agir. Tout le pouvoir que je laisse aux autres en imaginant qu'eux seuls pourront me sauver, je me le retire à moi-même. Et par là même, je me condamne à la passivité et à l'impuissance.

Or, dans notre vie de tous les jours, il est clair que nous préférons avoir affaire à des individus qui agissent pour satisfaire leurs désirs, qu'à des êtres qui se laissent porter par les autres. Partant de ce constat, nous devons nous demander si réellement nous avons en permanence à l'esprit que l'accomplissement de nos désirs est notre responsabilité propre.

Je suis responsable de mes convictions et de mes valeurs. L'exercice de cette responsabilité présuppose un certain niveau de conscience. Beaucoup d'entre nous en effet ne cherchent jamais à connaître les principes dont procèdent leurs actes et se contentent de suivre leurs impulsions sans s'inquiéter d'en déterminer l'origine. Considérées comme une sorte d'acquis, croyances et valeurs ne sont jamais remises en question et, de fait, échappent au domaine de la responsabilité personnelle.

À l'inverse, l'individu responsable va s'interroger sur les croyances et les valeurs qui sont ancrées en lui et les analyser d'un point de vue critique pour mieux les contrôler. Hélas, l'éducation que nous recevons ne nous apprend pas à mesurer l'importance, ni même à envisager la possibilité d'une telle démarche.

Si nous vivons selon des principes que nous avons

acceptés sans jamais les mettre en doute, il est facile de refuser d'admettre qu'ils relèvent d'un choix. En revanche, si nous sommes disposés à reconnaître que nous avons le pouvoir de choisir nos croyances et nos valeurs, alors nous pourrons considérer d'un regard neuf nos principes, les analyser et les revoir si cela se révèle nécessaire. Dans ce domaine aussi, la responsabilité nous libère.

Pour prendre un exemple extrême d'irresponsabilité, j'évoquerai le cas de cette femme mariée et mère de trois enfants venue en thérapie parce qu'elle se sentait malheureuse.

« Je ne comprends pas, disait-elle. J'ai pourtant fait tout ce qu'on attendait de moi. J'ai épousé un homme qui plaisait à mes parents. Puis je me suis appliquée à devenir une bonne épouse. J'ai lu tous les livres sur l'éducation des enfants. Je suis une hôtesse parfaite et je participe à des œuvres de charité. *Alors pourquoi ai-je parfois des envies de meurtre ?* J'ai l'impression d'avoir été trahie. Toute ma vie on m'a répété que si je suivais les règles, je serais heureuse. J'ai obéi, *et pourtant je ne suis pas heureuse*. Je rejette toute la faute sur mes parents et j'en veux à la terre entière. *J'ai l'impression d'être une victime. La vie est tellement injuste !* »

Considérons maintenant comment cette femme aurait pu décrire son problème si elle avait accepté ses responsabilités :

« Je voulais être aimée de mes parents, être appréciée par tout le monde, c'est pourquoi j'ai adopté les valeurs que me proposait ma famille sans chercher à y réfléchir. J'ai choisi de laisser les autres penser à ma place. De cette façon, je ne me démarquais pas de mon environnement. Mais aujourd'hui je dois admettre que ces valeurs ne me conviennent pas et ne m'apportent aucune satisfaction. La vérité est que les hommes qui plaisent à mes parents ne sont pas ceux qui m'attirent, que je n'ai jamais réellement souhaité devenir mère et que ma vie est ennuyeuse à mourir. Je ne sais quelles options s'offrent à moi aujourd'hui, mais j'ai bien l'intention d'y réfléchir. Je veux commencer à prendre enfin la responsabilité de ma propre vie, m'interroger sur mes valeurs, ce que je n'ai encore jamais choisi de faire. »

Beaucoup d'entre nous éprouvent une sorte de réticence à s'interroger sur l'origine de leurs croyances et de leurs valeurs. Soit parce que très rapidement nous découvrons que, la plupart du temps, nous ne faisons que reprendre à notre compte des valeurs qui nous ont été transmises par notre entourage — et nous rejoignons ici le problème de la métaphysique sociale —, soit parce que nos idées sont le produit de sentiments et d'instincts que nous ne pouvons pas clairement identifier. Mais nous savons que nous ne nous sentons à l'aise qu'en présence de gens qui partagent les mêmes sentiments que nous.

« Si je prenais la responsabilité de mes croyances et de mes valeurs... » Lorsque je soumets à mes patients ce début de phrase, les réponses que j'obtiens le plus fréquemment sont celles-ci :

Il faudrait que j'y réfléchisse.

Je devrais prendre mes idées au sérieux.

Je remettrais beaucoup de choses en question.

Je mesurerais mon degré de confusion.

Je me débarrasserais de beaucoup de choses.

J'entrerais en conflit avec mes parents.

Je ne sais pas ce qu'il adviendrait de mon mariage.

Je porterais moins de jugements, ainsi je serais sûr de ceux que j'exprimerais.

J'aurais les idées plus claires.

Je ne tirerais pas de conclusions aussi hâtives.

Je m'interrogerais plus souvent sur le pourquoi des choses.

Je serais une personne complètement différente.

Si nous admettons qu'il existe chez nous un problème de métaphysique sociale, la solution pour nous sera d'apprendre à assumer la responsabilité de nos croyances et de nos valeurs. Cette démarche est essentielle pour qui veut recouvrer la pleine possession de son esprit. Ce qui apparaît dans ces réponses, c'est que le simple fait de prendre cette responsabilité nous fait passer (ne serait-ce que brièvement) de la dépendance à la souveraineté mentale, car nous établissons alors une relation directe avec la réalité et non plus avec l'idée que les autres s'en font. Le moi commence à lutter pour son émergence.

Je suis responsable de la façon dont j'organise mon temps. Le temps est notre première monnaie d'échange et sans nul doute celle dont nous abusons le plus. Nous sommes souvent tentés de le traiter en ennemi en renonçant, dans ce domaine aussi, à faire des choix dont il nous faudrait assumer la responsabilité.

Nos choix et nos décisions déterminent si l'usage que nous faisons de notre temps et de notre énergie est bien le reflet des valeurs dont nous nous réclamons. Par exemple, une femme pourra prétendre que ses enfants sont sa priorité, mais leur consacrer beaucoup moins de temps qu'à faire du shopping avec ses amies ou à jouer au golf. Un homme pourra prétendre que sa priorité dans son travail est de développer de nouveaux produits, mais passer le plus clair de son temps à s'occuper de tâches administratives improductives. Ces gens se trompent-ils vraiment sur la nature de leurs valeurs profondes, ou bien existe-t-il des facteurs extérieurs qui les empêchent de traduire ces valeurs en actions appropriées ?

Si nous comprenons que la façon dont nous organisons notre temps est notre choix et notre responsabilité, nous sommes mieux à même de relever et de corriger nos contradictions que si nous nous croyons victimes des circonstances. *Prendre la responsabilité du problème, c'est déjà en rechercher la solution*.

Beaucoup de consultants en entreprise soumettent les cadres à un petit exercice. Leur donnant une feuille de papier, ils leur demandent de dresser la liste de leurs priorités proclamées, puis de décrire, dans une autre colonne, les tâches auxquelles ils passent réellement leur temps. Dans beaucoup de cas, les deux listes obtenues sont complètement divergentes, ce qui est une découverte embarrassante pour ceux qui les ont établies. La deuxième partie de l'exercice, qui est généralement celle qui pose le plus de problèmes, consiste à persuader ces cadres de prendre la responsabilité de cette divergence et d'y reconnaître l'expression d'un choix. Bien sûr, il peut arriver que l'absence de convergence entre les deux listes soit inévitable car due à des circonstances exceptionnelles. En revanche, si elle devient la règle, c'est que soit les priorités réelles ne sont pas celles qui sont proclamées, soit les cadres concernés ne suivent pas la ligne de l'entreprise. Mais dans l'un et l'autre cas, il y a une contradiction flagrante à résoudre et l'encadrement doit en prendre la responsabilité.

Lorsque je demande à des chefs d'entreprise de terminer la phrase : « Si je prenais la responsabilité de la façon dont j'organise mon temps... », j'entends généralement les réponses suivantes :

Je devrais dire « non » plus souvent.

Je supprimerais un tiers des tâches auxquelles je m'occupe.

Je serais plus productif.

J'apprécierais davantage mon travail.

Je ne me laisserais pas distraire par les gens.

Je déléguerais plus de tâches et je laisserais les gens libres de les exécuter comme ils l'entendent.

Je prendrais conscience de tout ce qui échappe à mon contrôle.

Je n'assumerais pas si souvent la responsabilité de résoudre des problèmes dont les autres se déchargent sur moi.

Je ferais en sorte que les tâches les plus importantes soient effectivement traitées *en priorité*.

Hors du contexte de l'entreprise, travailler sur cette phrase peut se révéler très enrichissant pour chacun d'entre nous. Et cet exercice, à condition d'être pratiqué régulièrement, peut susciter certains changements dans nos vies.

Maîtriser l'utilisation qu'il fait de son temps (dans la limite de ses possibilités, bien sûr) est essentiel pour qui veut avoir une vie responsable.

Je suis responsable du choix de mes partenaires. Veronica J. était une jeune femme qui, depuis sept ans, partageait la vie d'un homme notoirement infidèle. « Si seulement Stan acceptait de suivre une thérapie ! se plaignait-elle. Mais il ne le fera pas. Pouvez-vous me dire ce qui ne tourne pas rond chez les hommes ? »

Quand je lui avais demandé à quel moment de leur relation Stan avait commencé à donner des preuves de son infidélité, elle m'avait répondu que, dès le début, elle l'avait confondu sur des mensonges flagrants qu'il lui faisait à propos de ses relations avec d'autres femmes. Elle avait beaucoup pleuré et souffert, mais jamais elle ne s'était sérieusement interrogée sur le comportement de son compagnon. Et elle s'en tenait toujours au même refrain : « Tout serait merveilleux si seulement il changeait. »

Il fallut à Veronica plusieurs mois d'une thérapie difficile pour accepter enfin qu'elle était responsable d'avoir choisi Stan, et aussi d'avoir choisi de rester avec lui en acceptant son comportement. Un beau jour, elle posa un ultimatum à Stan : couper court à toutes ces aventures et accepter de suivre une thérapie, sinon elle le quittait. Quand elle comprit qu'il ne prenait pas ses menaces au sérieux, elle décida de partir. « C'est une souffrance insupportable, m'avoua-t-elle. Il me manque encore terriblement, mais au moins je n'ai plus l'impression d'être une victime. Je me sens enfin adulte et responsable de ma vie. J'avais choisi de commencer une relation avec Stan en dépit de ce que je savais de lui, puis de rester en dépit de son comportement, et maintenant j'ai choisi de partir. Si je vois la situation sous cet angle, je ne suis plus la victime de personne. »

« Si je prenais la responsabilité du choix de mes partenaires... » À ce début de phrase, les réponses qui me sont le plus fréquemment faites sont celles-ci :

Je mettrais fin à certaines relations que j'entretiens actuellement.

Je me détacherais de certains de mes amis.

Je dirais plus souvent « non ».

Je serais plus exigeant.

J'admettrais ce que j'éprouve réellement pour certaines personnes.

Je ne reprocherais pas aux gens d'être ce qu'ils sont.

J'accepterais l'idée que c'est moi qui ai choisi de demeurer dans une relation qui me fait souffrir.

« Si je nie ma responsabilité dans le choix de mes partenaires... » À ce début de phrase, les réponses les plus fréquentes sont celles-ci :

Je continuerai à me mettre dans des situations impossibles.

Je me plaindrai des autres sans tenir compte de mon propre rôle dans la relation.

Je m'apitoierai sur mon sort.

J'éviterai d'affronter les problèmes.

J'attendrai toujours de mes partenaires qu'ils corrigent ce qui ne va pas.

Je me lamenterai en me disant que la vie est injuste.

Je me demanderai si je serai heureux un jour.

Je me satisferai de relations médiocres.

Je me condamnerai à la passivité et à l'impuissance.

Toutes ces réponses sont éloquentes et n'appellent pas de commentaire.

Cependant, je voudrais étayer mon propos par quelques exemples eux aussi très parlants :

« Si je prenais la responsabilité du choix de mes partenaires... » Ce début de phrase que je lançai lors d'un séminaire suscita les réponses suivantes :

« Je ne coucherais plus avec n'importe qui comme je l'ai souvent fait. »

« Je devrais admettre que mes vraies valeurs ne sont pas celles que je proclame. »

« Je me mettrais à chercher un emploi afin de pouvoir quitter mon mari. »

Évidemment, il est tentant d'éviter le type de responsabilité que je décris ici. Car ainsi nous pouvons souffrir, nous apitoyer sur nous-mêmes et rejeter tout le blâme sur les autres. En somme, nous pouvons conformer notre vie à un scénario inconscient qui nous dit que nous sommes voués à la douleur. Mais ce comportement présente un inconvénient majeur : en nous complaisant dans le malheur et dans l'échec, nous abandonnons tout notre pouvoir aux autres. Or ce pouvoir, nous pouvons le reconquérir, *à condition d'accepter la responsabilité de nos choix*.

Je suis responsable des rapports que j'entretiens avec autrui. Quoi que je fasse ou dise, je suis l'auteur de mon comportement. Je suis responsable de ma parole et de mon écoute ; de la rationalité ou de l'irrationalité dont je fais preuve envers autrui ; de mon respect ou de mon irrespect ; de ma gentillesse ou de ma méchanceté ; de ma générosité ou de mon égoïsme. Que je choisisse de m'adresser à l'intelligence des autres ou à leurs pires travers, c'est une affaire de choix. Que je tienne mes promesses ou que je les trahisse, c'est une décision qui m'appartient. Que je respecte la dignité de mon enfant ou que je lui donne une claque parce que le bruit qu'il fait en jouant me dérange, dans l'un et l'autre cas, je suis responsable de mon acte.

« Elle me tapait sur les nerfs », « Il me rendait fou », « C'est sa faute ». Toutes ces excuses que nous utilisons pour nous persuader qu'un autre nous a obligés à agir envers lui comme nous l'avons fait ne sont que mensonges destinés à justifier notre cruauté.

Si nous sommes adultes, et tant qu'aucune coercition n'est exercée contre nous, les autres n'ont aucun contrôle sur nos actes. Dans la plupart des situations, nous avons le choix de la réponse que nous leur offrons. Mais si nous nions l'existence de ce choix, alors nous nous déchargeons de notre responsabilité et nous clamons que nous avons été obligés d'agir comme nous l'avons fait.

Or nous sommes responsables de la façon dont nous nous comportons envers chaque personne que nous côtoyons, qu'il s'agisse de notre enfant, de notre conjoint, d'un ami, d'un collègue ou d'un client. Mais acceptons-nous cette responsabilité ? La réponse que nous apportons à cette question nous éclaire sur notre qualité d'être humain.

Je suis responsable de mes sentiments et de mes émotions. Lorsque nous agissons en réaction à une émotion ou à un sentiment, nous sommes souvent portés à croire que ce que nous avons fait était inévitable. Volontairement ou non, nous faisons abstraction du fait que nous pouvons décider de notre comportement. Alors nous nous justifions par de fausses excuses :

J'étais en colère, alors j'ai frappé mon enfant.

J'étais vexé, alors j'ai cessé de fréquenter mon ami.

J'étais terrifié, alors j'ai préféré renoncer à ce poste que l'on me proposait.

J'étais sexuellement attiré par elle, alors j'ai couché avec la meilleure amie de ma femme.

J'étais impatient, alors j'ai conduit ma voiture comme un fou.

J'étais envieux, alors j'ai fait courir des bruits sur mon collègue.

J'étais jaloux, alors j'ai fait à ma femme des reproches injustifiés et cruels.

La vérité est qu'aucun de ces affects ne *nécessitait* la réaction qu'il a provoquée. La preuve en est que, confronté à des émotions similaires, tout le monde n'a pas les réactions décrites dans ces exemples.

En apprenant à assumer la responsabilité de nos réactions face à un état affectif, nous devenons moins impulsifs et, partant, plus réfléchis. Mais si nous agissons en vertu du principe que chacune de nos impulsions doit être suivie, et si nous croyons que nous devons obéir sans discernement à nos émotions, alors nous perdons tout contrôle sur notre vie. « C'était plus fort que moi, je n'ai pas pu m'en empêcher. » Ce type d'excuse ne diminue en rien notre faute et n'a qu'un effet : nous faire déchoir un peu plus.

Notre vie serait meilleure et le monde tournerait plus rond si nous acceptions tous la responsabilité de nos réactions à nos états affectifs. Personne ne me contestera cela. Pourtant nous avons peu de chances de voir se généraliser un tel sens des responsabilités dans une culture dominée par une intelligentsia qui place l'émotion au-dessus de la raison, l'impulsivité au-dessus du jugement, et qui ne cesse de justifier les pires débordements par l'argument de notre impuissance face à nos émotions. Il est impératif que nous refassions connaissance avec la notion de choix.

Souvent, je demande à mes patients : « Avez-vous jamais éprouvé une envie irrésistible, une impulsion violente à laquelle vous n'avez pourtant pas donné suite ? », « Vous est-il déjà arrivé de vous dire que vous deviez agir avec plus de discernement ? » Et lorsqu'ils me répondent « oui », je leur dis : « Dans ce cas vous savez déjà, à travers votre propre expérience, que nous avons le choix de la façon dont nous réagissons à nos émotions. Il est par conséquent inutile de nier notre responsabilité dans ce domaine, puisqu'en faisant cela nous ne tromperions personne que nous-mêmes. »

« Tout le problème, me répondit un jour un patient, c'est de s'en souvenir au moment où nous agissons. »

Je suis responsable de mon bonheur. Si j'accepte le fait que mon bonheur dépend principalement de moi-même, je m'investis d'un pouvoir considérable, puisque je cesse d'attendre des événements ou d'autrui qu'ils m'apportent le contentement. Devenu libre de considérer toutes les options qui s'offrent à moi dans ma situation présente, je m'efforce de trouver la réponse la plus sensée. Et si quelque chose ne se passe pas comme prévu, je n'attends pas des autres qu'ils interviennent, mais je réfléchis à ce que je peux faire pour résoudre mon problème.

Mais si j'adopte le comportement inverse qui consiste à attendre le bonheur d'événements extérieurs échappant à mon contrôle, je me dépossède de mon pouvoir, je m'enferme dans la passivité et j'éprouve du ressentiment pour ceux qui ont échoué à m'apporter un contentement que je considère comme un dû. Je peux aller jusqu'à haïr parents, partenaires et amis qui m'ont déçu et trahi. Et en secret j'imagine que, si je souffre suffisamment, quelqu'un finira bien par venir à mon secours.

« Si j'étais plus responsable de mon bonheur... » À ce début de phrase, j'obtiens les réponses suivantes :

Je ne souffrirais pas autant.

J'agirais autrement.

Je ne me complairais pas dans la douleur.

Je couperais le cordon qui me rattache à mes parents.

Je réfléchirais à ce qui peut me rendre heureux.

Je poursuivrais les buts que je me fixe.

Je ne blâmerais pas les autres.

J'arrêterais de faire des conneries pour ennuyer ma mère.

Je ne resterais pas cloîtré chez moi.

J'admettrais qu'il m'arrive d'être heureux.

J'arrêterais de me détruire.

J'oserais enfin parler des choses que je n'aime pas.

Je n'aurais pas peur d'accepter ce que je désire.

Je serais plus actif.

Mes patients sont souvent surpris de constater qu'ils ont plus de contrôle sur leur niveau de contentement qu'ils ne le pensaient. Ils découvrent que, sans être omnipotents, ni totalement protégés des réalités extérieures, ils ont à leur disposition toute une gamme d'options leur permettant de répondre à divers types de situations. Une découverte qui, lorsqu'elle est pleinement acceptée, provoque l'enthousiasme.

Je suis responsable de ma vie et de mon bien-être. Nous touchons là à l'idée qui sous-tend tout ce que j'ai déjà exposé. Par certains aspects, elle est trompeuse et moins simple qu'il ne pourrait y paraître. Tant que nous restons à un niveau abstrait, elle fait l'unanimité. Mais les choses se compliquent lorsque nous tentons d'en aborder les conséquences concrètes.

Qui contesterait en effet que l'individu fait preuve de maturité lorsqu'il prend la responsabilité de sa vie et de son bien-être ? C'est d'ailleurs ce type de comportement que nous encourageons dans le cadre d'une psychothérapie. (Je ne parle pas ici des thérapeutes « radicaux » qui considèrent que la société est à l'origine de tous nos problèmes et que la santé mentale passe par une prise de conscience de notre oppression.) Pourtant, nombre de thérapeutes qui, dans leur cabinet, sont de farouches défenseurs de la responsabilité font parallèlement campagne en faveur de programmes sociaux qui transforment des citoyens en assistés.

En adhérant au principe de la responsabilité à un niveau personnel, mais aussi philosophique, nous adoptons une position morale qui consiste à reconnaître qu'aucun être humain dans ce monde n'est ici pour nous servir et pour satisfaire nos besoins. Nous nous trouvons donc obligés de respecter chez autrui le droit à la défense de son intérêt propre.

Aux États-Unis, les droits inaliénables de l'individu sont inscrits dans la Déclaration d'indépendance. Ils viennent confirmer le principe selon lequel l'individu n'appartient qu'à lui-même, et non à un État, à une nation ou à une société.

Appliqué de façon cohérente, ce principe établirait la règle suivante : « N'exige de personne qu'il agisse à l'encontre de son propre intérêt ou de ce qu'il perçoit comme tel. »

Ce qui signifie qu'en échange de ce que nous attendons d'eux, nous devons offrir aux autres un motif d'agir en notre faveur qui corresponde à leurs intérêts. D'un point de vue moral, nous nous interdisons d'exercer sur eux toute coercition pour les obliger à nous obéir en allant à l'encontre de leur jugement. Nous ne nous autorisons l'usage de la force que pour nous défendre contre d'éventuels agresseurs. Dans le cadre de rapports humains normaux, nous ne pouvons avoir aucune prétention à ce qui ne nous est pas librement consenti par autrui. D'un point de vue légal, nous exigeons des gens qu'ils honorent les contrats qu'ils ont passés, qu'ils n'enfreignent pas les droits de la partie adverse, mais nous ne leur dictons pas les engagements qu'ils doivent prendre.

Le principe du volontarisme et de l'inaliénabilité des droits de l'individu est le terreau moral dont peuvent se nourrir le respect mutuel et la bienveillance entre les hommes. Il exclut l'idée selon laquelle certains êtres peuvent être sacrifiés aux intérêts des autres, idée qui est à la base de tous les régimes politiques — en particulier des dictatures —, à l'exception du système libéral.

Sur le plan social, il signifie que nous ne pouvons pas à la fois vanter les vertus de la responsabilité et affirmer que chacun a droit à des soins ou à un logement gratuits que quelqu'un d'autre devra bien financer.

Comprenons-nous bien. Je ne veux pas dire que nous ne devons pas être solidaires les uns des autres et nous apporter mutuellement aide et secours dans des périodes difficiles. Ce que je critique, c'est une doctrine qui pose en principe que certains individus ont, dès la naissance, un droit aux fruits de l'intelligence et du travail des autres, et que l'appareil coercitif de l'État doit veiller au respect de ce droit.

Je ne nie pas que nous avons tous, à un moment ou à un autre de notre vie, besoin de l'aide des autres, mais une personne responsable considère cette aide non comme un dû mais comme un acte de générosité. Elle ne s'imagine pas avoir reçu à sa naissance une prérogative sur l'énergie et sur les talents d'autrui, même si nombre de politiciens et d'intellectuels cherchent à l'en persuader.

Aujourd'hui, nous assistons à une généralisation de cette mentalité que résume très bien cette formule d'un journaliste du magazine *Time* : « Si je le veux, j'en ai besoin. Si j'en ai besoin, j'y ai droit. Si j'y ai droit, c'est que quelqu'un me le doit. Et si je ne l'obtiens pas, j'irai devant les tribunaux. » L'antithèse de la responsabilité est tout entière exprimée dans ces petites phrases.

Nous avons vu que la responsabilité avait de nombreuses implications dans notre vie sociale, mais aussi privée.

Il est un domaine très personnel dans lequel notre sens des responsabilités peut trouver à se manifester : celui des relations de parents à enfants. Un jour ou l'autre vient inéluctablement le moment où parents et enfants doivent couper le lien de dépendance qui les unit. C'est cette épreuve de la séparation que je voudrais à présent aborder.

5

L'épreuve de la séparation

En début de thérapie, il m'arrive d'explorer avec mon patient l'histoire de son enfance. Le but de cette démarche n'est pas de rechercher un coupable à qui faire porter le blâme des difficultés rencontrées par cette personne, mais de comprendre le contexte dans lequel s'est développée sa personnalité.

Nous nous interrogeons sur les valeurs et sur les croyances que mon patient aurait pu intérioriser, sur la façon dont il était traité et sur les conclusions qu'il tire d'un tel traitement ; sur l'image qu'il a implicitement ou non été encouragé à avoir de lui-même. Nous nous efforçons de nous rappeler les expériences significatives qui ont pu représenter des défis particuliers dans le processus du développement, tels que sévices physiques ou sexuels, ou tout événement inhabituel qui aurait influencé le regard que l'enfant portait sur la vie.

En d'autres termes, nous cherchons à cerner l'environnement auquel l'enfant a dû s'adapter, afin d'identifier les stratégies de survie qu'il aurait pu adopter et qui seraient toujours opérationnelles.

Nous savons que les enfants mettent au point des stratégies de défense qui peuvent avoir une certaine utilité à un âge précoce — à cinq ans, par exemple, être très calme pour ne pas être puni, ou très obéissant pour obtenir reconnaissance ou protection — mais qui, pour un adulte, peuvent se révéler non seulement inadéquates, mais parfois dangereuses. La thérapie doit donc s'attacher à débusquer ces défenses devenues caduques et à rechercher dans l'histoire du patient les circonstances qui ont pu les rendre nécessaires.

Ainsi construisons-nous une base de connaissance et de conscience de soi sur laquelle l'individu peut se reposer pour apprendre à accepter ses responsabilités et à résoudre des problèmes spécifiques avec l'aide du thérapeute, mais aussi, à plus long terme, pour acquérir un bien-être personnel.

À aucun moment le rôle du thérapeute, tel que je le conçois, n'est de persuader son patient que ses problèmes sont sa faute ou celle de quelqu'un d'autre. Il doit être de l'encourager à se demander ce qu'il faut faire, et non plus qui est coupable.

L'un des buts de la thérapie est de préparer le terrain pour un mode de fonctionnement adulte et responsable.

Les deux formes de la dépendance

Les patients peuvent se ranger en deux grandes catégories : d'un côté, ceux qui sont incapables de formuler la moindre critique à l'encontre de leurs parents et, de l'autre, ceux qui sont incapables de dire d'eux le moindre bien. Lorsque nous en venons à parler des difficultés rencontrées, les premiers nient avec véhémence toute responsabilité de leurs parents dans leurs problèmes présents, tandis que les seconds affirment avec la même véhémence qu'ils sont au contraire responsables de tout. Les parents sont soit des saints soit des monstres, mais dans l'un et l'autre cas ils ne sont pas perçus objectivement par leurs enfants qui demeurent trop dépendants de cette relation et trop attachés à leur enfance.

Je me souviens d'un patient que j'ai suivi en thérapie il y a vingt-cinq ans environ. Éric H. était un jeune Anglais venu aux États-Unis pour y étudier les sciences politiques à l'université de Los Angeles. Il était excessivement timide, rigide et inhibé et donnait l'impression de souffrir de troubles émotionnels. Il avait eu, disait-il, une enfance heureuse, protégé par des parents affectueux et aimants.

Son insistance à me donner une vision idyllique de ses jeunes années finit pourtant par éveiller ma curiosité. Un jour, je lui proposai de l'hypnotiser et il accepta. Sous hypnose, je le fis régresser jusqu'à sa sixième année et c'est alors qu'Éric éclata en sanglots. Lorsque je lui demandai ce qui se passait, il me décrivit une scène dans laquelle il était sauvagement battu par son père. Il revécut ainsi plusieurs incidents identiques s'échelonnant de sa cinquième à sa onzième année. Puis il me parla des vexations qu'il avait subies de la part de sa mère. Lorsque je l'interrogeai sur ce qu'il éprouvait, il me décrivit d'une voix angoissée l'état d'humiliation et de rage impuissante dans lequel il se trouvait. Mais, insista-t-il, il devait cacher ses sentiments pour ne pas ternir l'image parfaite que ses parents s'évertuaient à donner au monde extérieur.

Je savais qu'Éric avait eu une bonne raison de refouler ces souvenirs pendant toutes ces années — les défenses existent toujours pour remplir une fonction — et je ne voulais pas qu'il se sente trop bouleversé en s'éveillant de l'hypnose. Aussi lui dis-je qu'il n'était pas obligé de se rappeler tout de suite ce qui s'était passé durant la séance et que je faisais confiance à son inconscient pour ramener ces souvenirs à la surface lorsque le moment serait venu.

— Je suppose qu'on ne peut pas m'hypnotiser.

Ce furent les premiers mots qu'il prononça en se réveillant. Puis il prit un mouchoir et essuya d'un geste machinal son visage mouillé de larmes. Nous discutâmes encore pendant un moment, mais il était devenu irritable et semblait m'en vouloir.

— Admettez-vous qu'il puisse exister des parents merveilleux dans ce monde ? lâcha-t-il soudain, alors que nous parlions de tout autre chose.

— Bien sûr que oui, le rassurai-je avant de lui demander ce qui l'avait poussé à me poser cette question.

Au lieu de me répondre, il se lança dans une plaidoirie passionnée. Me défiant du regard, il insista encore une fois sur la tendresse de sa mère et sur le bonheur qu'il avait connu dans son enfance.

Lorsqu'il revint me voir, une semaine plus tard, il demanda à être de nouveau hypnotisé, ce que j'interprétai comme le signe qu'il était à présent mûr pour affronter les souvenirs douloureux qu'il avait revécus durant la première séance. Nous refîmes alors le même cheminement, mais plus en détail, et, comme lors de la précédente séance, je lui dis avant de le réveiller qu'il n'avait à se souvenir de rien s'il ne se sentait pas encore prêt.

Mais cette fois, au sortir de l'hypnose, Éric se souvint de tout.

— C'est donc ainsi que ça s'est réellement passé, me dit-il d'une voix désespérée. C'était horrible, vous n'imaginez pas. J'étais terrorisé, et je le suis toujours, parce que si j'admets que tout cela est vrai...

Il se tut et son regard se troubla comme s'il était replongé dans sa transe et voyait défiler devant ses yeux les images de son passé. Je restai silencieux et attendis. La séance prit fin sans qu'aucun autre événement significatif se soit produit.

Lorsque nous nous revîmes, quelque temps plus tard, je lui proposai une série de phrases à compléter en lui expliquant que je n'attendais de lui rien de profond ou de pertinent, pourvu que ses réponses soient correctes d'un point de vue grammatical et syntaxique.

Nous décidâmes d'enregistrer la séance car j'avais dans l'idée que je souhaiterais réécouter la bande avant notre rencontre suivante.

Je soumis à Éric la première phrase : « Toute ma vie... » Et voici ce qu'il me répondit :

« J'ai été malheureux ; je me suis senti pris au piège ; j'ai désiré de l'amour ; j'ai craint ce que les gens découvriraient en me regardant ; je me suis efforcé de ne pas faire d'erreurs ; j'ai espéré le respect et le soutien de mes parents ; j'ai souhaité que leurs mensonges soient vrais. »

En entendant cette dernière réponse, je donnai à Éric la phrase suivante : « Si j'avais pu croire aux mensonges de mes parents... » Et il me répondit : « J'ai essayé mais sans y arriver ; je me serais fait aimer d'eux ; j'aurais été le fils parfait ; je n'aurais pas été seul. »

« Si je n'avais pas peur d'être seul... », lui proposai-je alors, et il compléta cette phrase ainsi : « Je ne serais pas ce que suis ; je pourrais vivre ; je ne me sentirais pas tout le temps humilié ; je pourrais croire en moi-même ; je n'aurais plus à jouer le rôle du gentil garçon. »

À ce moment-là, Éric se tut et accomplit l'un de ces bonds prodigieux qui font les grands instants d'une psychothérapie. Il me dit : « Si j'étais prêt à prendre la responsabilité de ma propre vie, si je ne croyais pas avoir besoin du soutien de mes parents pour survivre — je ne parle pas d'un soutien matériel mais spirituel —, je pourrais admettre la réalité de ce que fut mon enfance. »

Je ne voulais pas parler afin qu'il puisse mesurer la portée de ce qu'il venait de dire. Nous restâmes un long moment silencieux. Enfin, je pris la parole :

— On dirait que vous venez de mettre le doigt sur quelque chose de très important... J'imagine qu'il ne doit pas être facile de grandir sans se croire capable de prendre en charge sa propre vie... en sentant que l'on a besoin de la bénédiction de ses parents pour survivre... et sans jamais pourtant l'obtenir... Ce doit être très dur.

Je savais qu'à cet instant précis il était important pour Éric de pleinement ressentir sa douleur et son impuissance, car il est impossible de dépasser ce que nous n'avons pas affronté. Nous ne pouvons devenir responsables tant que nous n'avons pas le désir de regarder la réalité en face. Ou, pour être plus précis, je dirais que faire ce choix est notre premier acte responsable. Cette étape servirait de base à Éric pour évoluer de l'état de conscience d'un enfant à celui d'un adulte.

Je sus que le processus était entamé lorsque, d'une voix timide, Éric me répondit « oui ».

Alan J. était l'exact opposé d'Éric. Ce médecin de trente-neuf ans semblait se souvenir de toutes les injustices dont ses parents s'étaient rendus coupables envers lui. Son père, qui avait émigré d'Ukraine lorsqu'il avait douze ans, était marchand de vêtements. Il travaillait quatorze heures par jour et passait tout son temps libre à jouer aux cartes avec des hommes de sa famille. Il ne s'était jamais occupé de son fils et lorsqu'il lui adressait la parole, c'était pour le traiter d'idiot ou pour se moquer de sa constitution chétive. Alan avait un frère et une sœur, tous deux plus âgés, mais c'était à lui que sa mère avait choisi de confier ses peines, parce que, disait-elle, il était le plus intelligent de la famille. Bien souvent, alors qu'il aurait préféré lire, il devait la rejoindre dans la véranda et l'écouter raconter sans fin ses déboires. Alan prétendait avoir été méprisé par son père et dominé par sa mère.

Je fis sa connaissance lors d'un séminaire que je dirigeais. Durant la première journée, nous nous étions livrés à un certain nombre d'exercices destinés à explorer les expériences significatives de l'enfance. Alan était sorti de cette séance indigné et plein de colère pour ses parents. Ce n'était pas là le but que je recherchais. J'appris le lendemain qu'il était allé trouver sa mère de soixante-seize ans pour lui reprocher les mauvais traitements qu'elle lui avait fait subir. De toute évidence, cette vieille femme qui n'avait pas beaucoup d'éducation n'avait rien compris à cette diatribe truffée de termes empruntés au lexique de la psychologie. Au dire d'Alan, elle avait éclaté en sanglots en répétant qu'elle avait fait de son mieux, ce qui avait eu pour résultat d'exciter la rage de son fils. « Mais tu ne m'as jamais donné l'impression d'exister ! » lui avait-il hurlé. Alan me confia qu'il aurait voulu pouvoir dire ses quatre vérités à son père, mais que celui-ci était mort quelques années auparavant.

Je déplorai l'interprétation qu'il avait tirée de notre travail et lui fis remarquer qu'il était bien trop tard pour espérer faire changer ses parents, quels qu'aient été leurs défauts. Le problème lui appartenait désormais, et c'était à lui de le régler.

Je le perdis de vue ensuite et ne le retrouvai que plusieurs mois plus tard, quand il vint me consulter parce que sa femme venait de le quitter après dix ans de mariage, non sans lui avoir fait part de ses griefs. Elle l'avait accusé de s'apitoyer sans cesse sur son sort, d'être un personnage immature, indifférent aux autres et uniquement préoccupé de lui-même. Il était anéanti. « Comment peut-on me voir sous un tel jour ? » me demanda-t-il.

Sa femme, que j'eus l'occasion de rencontrer, me raconta qu'une fois, alors qu'elle menaçait de le quitter, il s'était laissé tomber par terre et s'était mis à marteler le sol de ses poings en sanglotant.

S'il était un mauvais mari, me dit-il lors d'une de nos séances, c'est parce que son père ne lui avait pas donné le bon exemple. S'il se lamentait à l'excès tout en restant indifférent aux sentiments et aux attentes de sa femme, c'est parce qu'il reproduisait le comportement de sa mère. S'il était parfois cruel et insensible, c'est parce que ses parents ne lui avaient pas donné l'impression qu'il était digne d'amour. Il était leur fils, le produit de leur éducation. Et il ne pouvait être différent de ce qu'il était.

Je lui dis que j'étais sûr qu'il avait d'autres réponses à m'apporter et qu'il avait envie de les connaître. Mais cette suggestion ne l'enthousiasma pas.

La problématique de cet homme était évidente. Il avait beau approcher de la quarantaine, il fonctionnait toujours comme un enfant et ses parents restaient donc les personnages centraux de sa vie. En proclamant être leur création non seulement biologique mais psychologique, en prétendant que leur comportement avait entièrement déterminé le sien, il s'était créé un piège dont il ne voyait plus l'issue.

Éric et Alan, bien qu'appartenant à des catégories différentes, étaient tous deux des individus dépendants. L'étude de leur cas révèle un problème dans le processus de séparation et d'individuation.

Le problème

Il est indiscutable que beaucoup d'enfants sont élevés dans un environnement peu épanouissant, voire préjudiciable à un développement normal.

Mais pour autant, lorsque les individus sont encouragés à se considérer comme des victimes, ils risquent de rester englués dans la dépendance et dans la passivité, prisonniers de leur croyance en un salut qui leur viendra de l'extérieur. Et comme aucun sauveur ne se manifeste, ils sont voués au malheur. Le monde est plein de gens attendant Godot.

Affronter son passé

Lorsque j'ai débuté ma carrière de psychothérapeute, il y a une quarantaine d'années de cela, j'avais une approche cognitive des problèmes psychologiques. Je les expliquais en termes de croyances erronées ou irrationnelles — que j'appelais des « prémisses » — qui amenaient le patient à s'autodétruire. En vertu de quoi, les émotions devaient être étudiées en tant que révélateur de ces prémisses et l'enfance en tant que contexte de leur formation.

Avec les années, j'ai compris que, pour résoudre les problèmes de mes patients, il me fallait adopter une approche plus complète et plus approfondie, faisant intervenir l'inconscient comme le conscient, les émotions autant que la raison. Mon travail se fit plus expérimental, s'adressant à toute la psyché, et non plus uniquement à sa partie consciente.

Avec la pratique, j'ai compris que, pour être efficace, il me faudrait souvent passer plus de temps à explorer les circonstances dans lesquelles s'étaient développés le moi et ses stratégies. De plus, je compris que cette exploration devait procéder de l'expérience plus que de l'exercice intellectuel. Car certains de mes patients, et pas toujours les plus érudits, étaient capables de décrire des épisodes terribles de leur enfance avec le plus parfait détachement, en se dissociant complètement de leurs émotions. Ainsi, ils se coupaient de la réalité des événements qu'ils me racontaient et, grâce à cette distanciation, ils évitaient la souffrance.

Or, je sentais que ce type de fonctionnement ne pouvait que conduire à des échanges stériles qui n'amèneraient ni guérison ni changement. En effet, c'est seulement en affrontant les sentiments qui sont pour nous source de souffrance que nous pouvons les rendre inoffensifs par un processus d'assimilation. Si nous les désavouons, au contraire, ils continueront à exister et à nous poser des problèmes [1].

Je voulais que ceux de mes patients qui avaient subi des traumatismes dans leur jeunesse puissent se remettre dans la situation d'un enfant traversant ces épreuves afin de se libérer du blâme qu'ils s'infligeaient pour le comportement destructeur de leurs parents. Je voulais qu'ils prennent assez de recul pour analyser en quoi ces événements avaient influencé leur développement ultérieur ; qu'ils découvrent quelles conclusions ils en avaient tirées sur eux-mêmes et sur la vie en général ; qu'ils prennent conscience des stratégies d'adaptation qu'ils s'étaient créées. Et sans leur retirer une période de deuil dont je ne nie pas la nécessité, je souhaitais aussi qu'ils réfléchissent à ce processus de reconquête de leur autonomie et qu'ils en prennent la responsabilité. Notamment par une participation active au travail de thérapie, ce qui présente en outre l'avantage de favoriser l'estime de soi.

Mais certains patients s'attachent à leur douleur et résistent de toutes leurs forces à ce processus de reconquête. Pour eux, il n'est pas une étape vers la guérison mais une fin en soi. Et la prise de conscience des injustices commises à leur encontre n'est plus simplement un passage obligé vers la connaissance de soi, elle devient la justification de tout ce que leur comportement peut avoir de répréhensible. La thérapie n'est plus une base de lancement vers l'indépendance et le bonheur mais un substitut à la vie. La passivité est la seule forme de survie dans laquelle ils se sentent en sécurité.

Certes, il arrive parfois que des solutions alternatives parviennent à traverser leurs défenses, mais elles sont vite écartées. Car ces personnes ne veulent pas

1. Le fait que cette assimilation amène ou non une guérison dépend de l'encadrement conceptuel du processus. Mais il s'agit là d'un problème technique qui sort des limites de cet exposé.

voir que de telles solutions existent. Leur motivation première n'est pas une aspiration à la joie, mais une peur de la souffrance.

Megan R. était une jeune femme, célibataire, qui avait déjà derrière elle de nombreuses années de thérapie lorsqu'elle vint me trouver. Elle avait suivi la première à l'âge de dix-neuf ans à la suite d'une dépression et de difficultés relationnelles. Après quoi, elle avait passé quatre ans à analyser ses rêves, allongée sur un divan, sans constater d'amélioration notable de son état. Elle restait malheureuse, maussade, passive et agressive et, comme elle l'admettait elle-même, souvent envieuse de la réussite des autres.

C'est alors qu'une de ses amies la persuada de suivre une autre méthode, axée celle-là sur la libération des sentiments inhibés. Pendant trois autres années, Megan se rendit deux fois par semaine dans un institut où, enfermée dans une chambre capitonnée, elle pouvait jouer à la poupée, boire au biberon et se coucher dans un berceau en criant sa douleur réprimée. C'est durant cette thérapie que, pour la première fois, Megan avoua avoir subi des sévices sexuels de la part de son père à partir de l'âge de onze ans, une réalité que sa mère avait longtemps refusé d'admettre. Elle fut alors encouragée à revivre ces épisodes de nombreuses fois et avec autant d'intensité que possible. Lorsqu'elle arriva au point où elle pleurait à chaudes larmes au moins une fois par jour, son thérapeute la félicita : « Enfin, vous éprouvez vos émotions. » Pourtant, Megan se sentait toujours aussi malheureuse.

Finalement, désenchantée, elle abandonna cette thérapie et, quelques années plus tard, elle rejoignit un groupe de soutien aux victimes d'inceste qui lui fournit une explication à son état dépressif et à ses échecs dans sa vie privée : elle n'avait pas encore pris totalement conscience de son état de victime. Le chagrin ne suffit pas, lui avait-on dit, tu dois éprouver de la rage

— de la rage envers ton père pour ce qu'il t'a fait subir. Elle apprit donc à ressentir de la haine pour ses deux parents.

Ce groupe avait été sa meilleure expérience, disait-elle. Pourtant, elle l'avait fréquenté pendant plusieurs années et restait toujours aussi dépressive.

Quand ce travail de deuil prendra-t-il fin ? Quand l'enfant en moi sera-t-elle enfin guérie ? Megan attendait de moi une réponse, telle une fillette désespérée par le manque de compassion de l'univers. Elle était parvenue au point où elle se demandait si elle ne devait pas pardonner à ses parents et se tourner vers Dieu pour résoudre son problème.

Pour ce que j'en appris par les récits que m'en fit Megan, personne, durant ces diverses expériences thérapeutiques, n'avait jamais suggéré à cette jeune femme qu'elle pût avoir une responsabilité personnelle dans le cours que prenait sa vie d'adulte. Tantôt on avait insisté sur les injustices dont elle avait été la victime, tantôt sur la douleur qu'elle éprouvait. Or, si cette prise de conscience était indispensable au processus de guérison, elle n'était pas suffisante, et surtout elle ne lui permettait pas de retrouver une estime de soi.

Comme premier exercice, je décidai de lui proposer la phrase suivante : « Si je choisissais d'augmenter mon sens des responsabilités de 5 %... » Et voici comment elle termina cette phrase : « Je devrais faire plus attention à ce que je fais ; j'arrêterais de broyer du noir ; je réfléchirais davantage à ce que j'ai envie de faire ; j'arrêterais de me demander ce qui ne va pas chez les autres ; je ne rêverais plus que mon père implore mon pardon ; je trouverais plus d'intérêt à ma vie ; je ne mettrais pas toutes mes peurs sur le compte de ce qui s'est passé. »

« Si je pouvais sentir mon propre pouvoir... » Quand je lui proposai cette phrase, Megan me donna des réponses qui exprimaient l'un de ses conflits fondamentaux : « Ça me plairait ; ça me dérangerait ; je me débarrasserais de ma souffrance ; je serais libre ; j'aurais peur ; je me retrouverais seule ; je saurais que ma mère ne viendra pas me sauver ; je devrais me conduire en adulte ; je me demanderais comment vivre ; où trouverais-je cette force ? je me respecterais. »

Je lui donnai ensuite la phrase suivante : « L'avantage, en restant attachée à mon passé... », et elle me répondit : « C'est que je n'ai pas besoin de grandir ; c'est que je peux blâmer mes parents ; c'est que j'ai une excuse pour tout ; je suis fatiguée de m'attacher à mon passé. »

À la phrase : « L'avantage à me considérer comme une victime... », elle me répondit : « Mais j'étais une victime ; je peux attendre des adultes qu'ils résolvent mes problèmes ; je peux m'imaginer que mon père et ma mère admettront leurs fautes et qu'ils feront amende honorable ; je peux les culpabiliser ; je peux me venger ; je n'ai pas à me remettre en question. »

Enfin, à la phrase : « L'inconvénient de me considérer comme une victime... », elle me donna les réponses suivantes : « À quoi ça me mène ? je ne peux pas progresser ; je me sens lamentable ; je m'apitoie sur moi-même ; je suis un bébé et j'en ai assez ; je veux être plus qu'une victime ; la vie c'est plus que ça, non ? »

Le blâme et le pardon

Il n'est pas paradoxal d'éprouver de la compassion pour un patient en état de souffrance tout en essayant d'éveiller chez lui le sens des responsabilités. Il n'est pas paradoxal d'aider un patient à prendre conscience des injustices dont il a été l'objet tout en le décourageant de se définir entièrement par cette condition de victime.

La colère et la douleur à l'égard de parents qui se sont mal conduits est légitime, et le thérapeute doit s'interdire d'en empêcher l'expression. Et si j'encourage mes patients à ne pas se focaliser sur les reproches qu'ils font à leurs parents, c'est uniquement dans le souci de les protéger, car le blâme est une voie sans issue. En blâmant les autres pour ce que nous sommes, nous leur abandonnons notre pouvoir. Il faut au contraire s'attacher à trouver des solutions, à révéler à l'individu les ressources qu'il porte en lui et l'inciter à les mobiliser.

Si je ne prône pas le blâme comme condition préalable au bien-être, je ne plaide pas non plus en faveur du pardon. Si l'offense a été telle que le patient ne veut plus avoir aucun rapport avec le parent concerné, je ne cherche pas à le faire changer d'avis. Ce que je préconise, c'est l'acceptation de l'offense, ce qui relève d'une démarche complètement différente.

Accepter ne signifie pas aimer, admirer ou pardonner, mais admettre la réalité de ce qui s'est passé, ne pas la nier ; c'est refuser de lutter contre des faits indiscutables. Accepter, c'est trouver la volonté de regarder la vérité en face, sans faux-fuyants. Le but d'une telle démarche est de nous libérer de la souffrance, du ressentiment et de l'obsession du passé. Elle nous permet de consommer la rupture pour que nous puissions aller de l'avant.

Lorsque des thérapeutes, subissant l'influence de certains enseignements religieux, insistent sur la nécessité du pardon quelles que soient les circonstances, la nature de l'offense et l'attitude présente du parent concerné, ils contraignent leur patient à faire violence à sa conscience. Dans certains cas, le pardon peut entraîner un refoulement grave.

Que veut dire au juste pardonner ? Est-ce nier que

l'offense ait jamais eu lieu ? Mais elle a eu lieu. Est-ce nier qu'elle ait eu des conséquences douloureuses et dévastatrices ? Mais ces conséquences sont là. Est-ce innocenter ses parents de leur faute en se disant qu'ils ont fait de leur mieux ? Mais cela n'est pas toujours vrai.

Si pardonner signifie se libérer de notre colère pour ce qui s'est passé, alors il ne s'agit pas vraiment d'un pardon. D'après mon expérience, de nombreux patients arrivent à un point dans leur thérapie où ils dépassent le concept de pardon, car pour eux le problème ne se pose même plus en ces termes. En effet, l'enfance et le passé ayant perdu leur charge affective, l'énergie émotionnelle se retrouve investie dans le présent.

Avec certains parents, il est réaliste d'espérer une réconciliation et le thérapeute doit apporter son soutien à cette démarche. Mais avec d'autres, le patient ne pourra aspirer au mieux qu'à une indifférence inoffensive. À ma connaissance, il n'existe qu'une seule règle applicable en toutes circonstances : l'acceptation.

Il reste heureusement beaucoup de cas où une relation bienveillante peut s'instaurer. Ce qui échappe à un enfant de cinq ans des problèmes affectifs de ses parents, un adulte est à même de le comprendre. Il pourra se dire : « Après tout, mes parents ont un jour été des enfants. Eux aussi ont connu la peur, le manque de confiance en soi, l'inhibition. Si je suis capable de me créer une vie heureuse aujourd'hui, pourquoi continuerais-je à leur reprocher le passé en me privant des joies que je pourrais encore connaître avec eux ? » Une telle déclaration dans la bouche d'un patient est pour moi un signe de maturité. Et si je m'en réjouis, ce n'est pas au nom du pardon, mais parce qu'elle est l'expression d'une volonté d'indépendance.

Toutefois, je dois m'assurer qu'elle n'est pas feinte ni suscitée par un refoulement. Car il arrive que le patient dissimule derrière de tels propos un problème de dépendance non résolu. Auquel cas, le message latent qu'il adresse à ses parents peut être formulé ainsi : « Vous voyez, je ne vous en veux plus malgré tout ce que vous m'avez fait subir. Je suis un bon garçon. Alors, allez-vous m'aimer maintenant ? »

La peur de l'autonomie peut prendre de multiples visages.

La notion de choix

Les parents qui souhaitent développer chez leur enfant le sens des responsabilités cherchent toutes les occasions de lui offrir des choix et de l'encourager à réfléchir aux conséquences de ses décisions. Nous savons qu'un enfant est en danger d'être infantilisé lorsque les choix et les décisions dont il est parfaitement capable lui sont soustraits par son entourage. Ce principe s'applique aussi en psychothérapie.

Qu'un patient soit tiraillé entre la tentation de blâmer ses parents et la volonté d'assumer la responsabilité de ses actes ; entre le respect de sa propre perception de la réalité et l'obéissance aux préceptes qui lui ont été inculqués ; entre la confrontation avec sa douleur et sa négation ; entre l'aveu d'une vérité gênante et le silence coupable ; entre l'exploitation des autres et le respect, j'insiste toujours sur l'importance du choix. Plus nous sommes conscients du fait que nous choisissons nos actes, plus nous sommes à même d'en prendre la responsabilité.

Lorsque des patients me présentent leurs problèmes en me faisant implicitement entendre que je suis censé leur fournir une solution, je leur demande quelles options ils ont envisagées, s'ils ont pesé les avantages et les inconvénients de chacune, et ce qu'ils pensent faire. S'ils me décrivent des comportements dont ils connaissent les travers mais dans lesquels ils persistent néanmoins, je leur demande s'ils ont une idée de la manière dont ils peuvent changer les choses et quelles mesures ils prendraient s'ils faisaient de ce changement un but conscient. Lorsqu'ils me parlent des mauvais traitements que leur ont infligés leurs parents, je leur demande ce qu'ils retirent de cette expérience, en quoi ils sont affectés par elle et je les incite à s'interroger sur les possibilités dont ils disposent pour résoudre leur problème.

À un certain point de la thérapie, nous laissons généralement de côté la discussion pour passer à des exercices que j'ai déjà évoqués dans mes précédents livres, et dont le but est d'élever le niveau de conscience du patient, de l'aider à explorer les possibilités qui lui sont offertes de dénouer ses blocages, de guérir ses vieilles blessures, et de lui faire rassembler les morceaux épars de son moi. Or, ce travail s'effectue toujours dans un même contexte que je décrirais ainsi : votre vie est entre vos mains, vous êtes responsable de vos actes et de vos choix. Sachant cela, que comptez-vous faire ?

Quand les protecteurs deviennent des destructeurs

Si la thérapie ne tient pas compte de la notion de responsabilité, il y a un risque qu'elle devienne une fin en soi. Ainsi, on voit des gens suivre une thérapie pendant dix, quinze ou vingt ans, croyant qu'ils ne pourraient survivre sans elle, persuadés qu'ils sont que ce qu'ils ont de plus précieux, ce sont leurs blessures, et non leurs ressources. Toute leur vie tourne autour de la thérapie par laquelle ils se définissent, et nous pouvons supposer qu'ils sont confortés dans cette attitude par le thérapeute lui-même.

Subir des violences sexuelles de la part d'un parent ou d'un adulte est indiscutablement une expérience terrible pour un enfant. Mais si les thérapeutes laissent entendre que la victime est condamnée à garder cette blessure toute sa vie, alors la violence physique est aggravée par une violence mentale. Une fois de plus, celui qui aurait dû jouer un rôle de protecteur est devenu un destructeur. Les victimes de violences de tous ordres ont certes besoin de compréhension et de compassion. Mais elles ont surtout besoin de s'entendre dire qu'elles ne sont pas seulement le produit des traumatismes qu'elles ont subis, et qu'elles ont en elles les ressources qui leur permettront de surmonter leur infortune. Elles ont besoin de savoir qu'elles ne sont pas condamnées à l'incapacité pour le reste de leur vie. Et ce n'est pas leur rendre service que de les définir par les moments de leur existence où elles ont été le plus dépourvues de ressources, c'est-à-dire par ces moments de leur enfance où elles ont subi des violences.

Les thérapeutes les plus performants sont ceux qui savent mobiliser les forces qui existent à l'état latent chez leurs patients. Les moins efficaces sont ceux qui ignorent l'existence de telles ressources et qui limitent leur vision du problème à la douleur ressentie. Le plus tragique, c'est qu'ils peuvent aggraver un mal qu'ils se proposaient de guérir.

Si j'ai pu aider Alan et Megan à dépasser la douleur de leur enfance pour avancer vers l'autonomie, c'est parce que je les ai d'abord accompagnés dans cette confrontation avec leur souffrance pour leur apprendre ensuite à l'accepter, en les amenant à voir dans cette démarche un acte d'affirmation de soi et de prise de responsabilité. Ce travail fut en partie accompli par la façon dont je leur présentai la tâche qui leur incombait. « Avez-vous la volonté, leur demandai-je, de revenir en arrière et de regarder en face ce que l'enfant que vous étiez a dû supporter ? Vous sentez-vous assez de force et de courage pour refaire ce chemin ? Si c'est le cas, ne vous mésestimez pas. Il y a en vous de la vie, en dépit de tout ce qui a pu se passer. Vous n'êtes pas détruit et vous ne risquez pas de l'être. Pleurez, mettez-vous en colère, mais apprenez. De cette épreuve, vous ferez naître une nouvelle vie. Luttez pour l'enfant que vous étiez, luttez pour l'avenir qu'il mérite. C'est peut-être l'acte le plus héroïque que vous aurez jamais à faire. Êtes-vous prêt à vous lancer dans ce projet ? »

Je ne cherche pas à simplifier à l'excès la complexité des mécanismes qui sont en jeu, ni à diminuer la difficulté de cette démarche. Le chemin à parcourir est souvent effrayant et semé d'embûches. Mais c'est là le défi auquel nous confronte la psychothérapie. En le relevant, nous montrons que nous sommes mûrs pour débuter une vie responsable.

À présent que nous avons étudié les relations entre parents et enfants, nous allons voir comment le sens des responsabilités peut s'exercer aussi dans le couple et dans la vie amoureuse.

6

La responsabilité dans le couple

Il y a quelques années de cela, j'ai publié un livre auquel j'ai donné le titre de *Psychologie de l'amour romantique* [1]. Je l'avais écrit dans des circonstances difficiles. Patricia, ma femme, était morte noyée. Je n'avais pas terminé mon travail de deuil et j'essayais désespérément de construire une relation avec une autre compagne, Devers, que j'ai depuis épousée. J'étais dans un état d'extrême vulnérabilité.

Dans ce livre, auquel je réfléchissais depuis dix ans, je voulais donner une nouvelle vision de l'amour et identifier les principaux facteurs qui font le succès ou l'échec d'un couple.

Après sa sortie, je fus interviewé par une journaliste qui, à la fin de notre entretien, me demanda :

— Docteur Branden, si vous n'y voyez pas d'inconvénient, j'aimerais vous poser une question personnelle : l'amour vous fait-il peur ?

Je fus intrigué par cette question complètement inattendue.

— Pourquoi devrais-je en avoir peur ?

— Vous avez cinquante ans. Il est surprenant d'entendre une personne de votre âge parler de l'amour avec autant de passion. Moi-même, je n'ai que vingt-huit ans et je suis terrifiée à l'idée de tout ce qui

1. Nathaniel BRANDEN, *La Psychologie de l'amour romantique*, Les Éditions de l'Homme.

peut séparer un couple — la trahison, la lassitude ou même la mort. Vous avez déjà connu une tragédie dans votre vie et pourtant vous entamez une nouvelle relation et vous écrivez ce livre... D'où tenez-vous tout ce courage ? Moi, je ne veux rien d'intense, rien qui m'entraîne trop loin. Je crois que je préfère la sécurité à la passion.

— Voulez-vous dire qu'il est plus important pour vous d'éviter la souffrance que d'éprouver de la joie ? lui demandai-je.

— Oui.

— Eh bien, c'est un choix qui en vaut un autre.

Mais elle insista :

— Et aussi, vous présentez l'amour comme une immense responsabilité, comme une chose qui exige énormément de nous.

— Mais c'est la vérité.

— Je sais que ça va vous sembler terrible, mais je ne suis pas non plus certaine de vouloir être aussi responsable que ça.

L'amour et les besoins qu'il satisfait

Lorsque nous aimons une personne, nous voyons en elle l'incarnation de nos valeurs, de sorte que nous l'associons d'une certaine façon à notre plaisir, à notre joie et à notre contentement. Nous voulons avoir un échange avec elle et nous sommes concernés par son bien-être. Si ces éléments ne sont pas réunis, on ne peut appeler « amour » le sentiment que nous éprouvons. (Ce point mérite d'être souligné, parce qu'il arrive parfois que des gens prétendent aimer quelqu'un alors qu'en réalité ils ont simplement besoin de cette personne et se moquent de son bien-être tant qu'ils ne sont pas directement concernés.)

Mais surtout, l'amour exige une réponse de la plus

grande intensité émotionnelle. Il place le désir d'échange et d'engagement au centre de notre vie et implique l'existence d'un puissant facteur sexuel. L'amour, c'est ce que nous éprouvons lorsque nous rencontrons notre alter ego spirituel, un être qui partage les mêmes valeurs que nous. Et nous éprouvons alors le désir d'organiser notre vie autour de cette personne à l'exclusion de toute autre.

L'amour est un attachement passionné à la fois spirituel, émotionnel et sexuel entre deux êtres qui ont l'un pour l'autre une grande estime. On ne peut appeler de ce nom une relation dépourvue d'intensité, de connivence intellectuelle ou affective et de complicité sexuelle. De même, l'amour implique une admiration mutuelle. Ce mot ne peut donc servir à qualifier une relation qui serait fondée sur le mépris.

L'amour a le pouvoir de satisfaire certains de nos besoins :

- Besoin d'une compagnie humaine : quelqu'un avec qui partager valeurs, sentiments, intérêts et objectifs. Quelqu'un avec qui partager les joies et les peines de l'existence.

- Besoin d'amour : nous nous réalisons sur le plan émotionnel au travers d'une personne que nous admirons, dont la présence nous stimule et vers qui nous pouvons canaliser notre énergie.

- Besoin d'être aimé : d'être apprécié et choyé par un autre être humain.

- Besoin de visibilité psychologique : de nous voir à travers les réactions d'une autre personne avec qui nous avons des affinités. Ce miroir psychologique est l'un des aspects les plus importants d'une relation.

- Besoin de satisfaction sexuelle : d'un partenaire qui nous comble dans ce domaine.

• Besoin d'un système de soutien affectif : d'une personne sincèrement dévouée à notre bien-être, d'un allié émotionnel sur qui nous pouvons compter dans l'adversité.

• Besoin de conscience et de découverte de soi : d'un contact avec son moi, contact qui s'établit de façon continue et plus ou moins naturelle dans l'intimité et la confrontation avec un autre être humain.

• Besoin d'expérience de notre féminité ou de notre masculinité : d'explorer tout le potentiel de notre sexe d'une façon que seul l'amour permet.

• Besoin de partager notre joie d'être en vie : de l'alimenter par la joie de l'autre.

Ces besoins, comme je les appelle, ne sont certes pas vitaux, mais leur satisfaction nous permet de vivre en plus grande harmonie avec nous-mêmes et avec le monde. Et je crois que chacun d'entre nous a non seulement conscience de leur réalité, mais espère, d'une façon plus ou moins consciente et explicite, que l'amour lui permettra de les satisfaire.

D'un point de vue historique, une telle conception des relations entre les hommes et les femmes est entièrement nouvelle. Cet amour au sens romantique est d'ailleurs souvent décrié par les psychologues, les sociologues et les anthropologues, qui le considèrent comme un idéal illusoire et infantile. Pour ces intellectuels, l'idée qu'un attachement affectif intense puisse former la base d'une relation durable et épanouissante n'est que le produit névrotique de notre culture occidentale moderne. Mais ils associent à ce concept beaucoup de notions et d'attitudes immatures qui n'ont rien de commun avec ce que j'essaie de décrire ici.

Il est vrai que, en ce qui concerne l'avenir de leur relation avec le sexe opposé, les jeunes Occidentaux sont élevés dans certaines idées préconçues qui ne sont partagées par aucune autre société humaine au monde. Ainsi considèrent-ils qu'ils choisiront librement leur conjoint et que rien ni personne (ni famille, ni Église, ni État) ne pourra faire ce choix à leur place ; que l'amour seul présidera à cette sélection dans laquelle n'interviendra aucun autre critère, qu'il soit social, financier ou autre ; qu'ils peuvent espérer et attendre le bonheur de la relation qu'ils établiront avec l'élu de leur cœur et que la recherche d'un tel bonheur est normale, et même légitime ; et enfin que la personne avec qui ils partageront leur vie et celle qui leur apportera la satisfaction sexuelle ne feront qu'une.

Auparavant, dans toute l'histoire de l'humanité et sous toutes les latitudes, de telles idées auraient paru tout à fait incongrues.

C'est seulement dans la seconde partie du XIXe siècle que les classes moyennes, dans les autres cultures, ont commencé à se rebeller contre les mariages arrangés et à se tourner vers cet idéal d'un amour romantique prôné par l'Occident. Et, bien que cette conception ait une longue histoire en Europe, jamais elle n'a été aussi répandue que dans la culture américaine. Certes, de tout temps et dans toutes les cultures, l'amour romantique a toujours existé, mais il constituait une exception, non pas une norme. Au contraire, il était souvent perçu comme un défi à la norme établie. Dans la Grèce antique, l'amour passionné était considéré comme une forme de démence.

Ce n'est pas un hasard si c'est aux États-Unis que cette conception de l'amour est devenue pour la première fois le prélude au mariage. Car cette société, en rompant ses liens avec le Vieux Monde, s'est choisi pour valeurs fondamentales le respect de l'individu et de ses libertés et le droit au bonheur individuel. C'est cette base individualiste et séculière qui a permis à cette idée romantique de l'amour de s'enraciner dans notre culture.

Aujourd'hui encore, en cette fin de siècle pleine de

cynisme et de désenchantement, et malgré de multiples attaques menées par les intellectuels, les gens continuent de tomber amoureux. Le rêve se refuse à mourir.

Dès lors, la question est de savoir ce qui peut contribuer à sa réussite. À cela je répondrai : l'estime de soi tout d'abord. Notre première histoire d'amour, c'est avec nous-même que nous la vivons. Il nous faut donc la réussir pour être prêt à construire une relation avec une autre personne. Si je ne me sens pas digne d'amour, je m'arrangerai toujours pour saboter un bonheur que je croirai ne pas mériter.

Mais un autre facteur est essentiel à notre réussite amoureuse, c'est celui de la responsabilité.

La responsabilité dans le mariage

Je tiens tout d'abord à préciser à mes lecteurs que j'emploie ici le terme de « mariage » non dans son sens légal mais pour désigner l'union entre deux adultes éprouvant l'un pour l'autre les sentiments que j'ai déjà décrits — à savoir : affinités intellectuelles, attirance sexuelle et admiration — et désireux de construire une vie ensemble.

Je souhaiterais maintenant reprendre un point que j'ai déjà abordé au chapitre 4 afin d'y apporter quelques précisions :

Je suis responsable du choix de mes partenaires. Il arrive souvent qu'un homme et une femme éprouvant l'un pour l'autre une forte attirance sexuelle en concluent qu'ils sont amoureux. Tout naturellement, ils décident de vivre ensemble ou de se marier en fonction de ce seul critère sexuel. Ils ne tiennent pas compte du fait qu'ils n'ont que très peu de valeurs et d'intérêts en commun, d'estime l'un pour l'autre en tant que personnes, et que c'est peut-être un lien de dépendance qui les unit. Lorsque cette réalité finit par leur apparaître, la relation se rompt. Mais peut-on parler d'amour dans un tel cas ? Je pense que non. Aimer quelqu'un, c'est connaître et apprécier sa personnalité. Sans cette conscience de l'autre, il ne peut être question d'amour.

Notre première responsabilité dans ce contexte précis est peut-être de réellement chercher à découvrir et à comprendre la personne que nous avons en face de nous. Une telle démarche implique que nous soyons disposés à considérer les faits d'un œil objectif, quitte à découvrir une réalité déplaisante. Nous avons alors le choix de développer une relation dans la lucidité, ou bien dans la dépendance et dans l'aveuglement.

Une de mes patientes me dit un jour : « Le croirez-vous ? J'ai été mariée trois fois, et trois fois j'ai épousé des alcooliques. Et je n'ai découvert le problème de ces hommes qu'après notre mariage. Si ce n'est pas de la malchance, alors qu'est-ce que c'est ? Décidément, la vie est injuste. »

À présent, comparons cette déclaration à celle que me fit une autre femme, qui n'était pas une patiente : « Je n'avais pas rencontré mon futur mari depuis plus d'une heure que j'aurais pu décrire dans le détail chacun des défauts qui finiraient à coup sûr par m'agacer. Cet homme est le plus passionnant que j'aie jamais connu, mais je ne me leurre pas sur son compte et je sais aussi qu'il est très égocentrique. C'est une réalité que je devais accepter pour ne pas courir le risque d'être déçue plus tard. Jamais je n'ai été aussi heureuse que depuis ce mariage. Mais je sais très bien que l'homme avec qui je vis n'est pas parfait et je connais ses travers. Pour moi, si l'on est attentif dès le départ, on ne s'expose pas à de mauvaises surprises. Par leur comportement, les gens annoncent clairement ce qu'ils sont. Le problème, c'est que nous ne nous donnons pas la peine d'interpréter les signaux qu'ils nous envoient parce que nous ne voulons voir que nos propres attentes. Peut-être sommes-nous égarés par nos désirs et notre solitude. Nous créons un fantasme, puis nous éprouvons de la colère envers notre partenaire lorsqu'il ne correspond pas à ce personnage qu'il n'a jamais prétendu être. Mais si nous retirons nos œillères, si nous avons la volonté de voir les défauts aussi bien que les qualités et si notre passion reste néanmoins vivace, alors nous pouvons connaître ce que j'appelle un "amour mature". »

Je ne prétends pas qu'il est impossible de se tromper dans le choix de ses partenaires. Les plus conscients d'entre nous ne sont pas à l'abri d'une erreur d'appréciation. Il arrive aussi que notre conjoint change à un tel point que nous finissons par ne plus reconnaître en lui la personne qui nous a séduits. Mais pour autant, cela ne fait pas de nous des victimes. Car si nous persistons dans cette relation, c'est que nous en avons fait le choix.

Parfois, lorsque j'entends des hommes et des femmes se plaindre interminablement de leur conjoint, comme si leur mariage était une sorte de catastrophe naturelle qui s'était produite sans aucune intervention de leur part, je leur demande : « Êtes-vous conscient du fait que cette personne, vous l'avez choisie, tout comme vous avez choisi de rester avec elle ? Vous sentez-vous prêt à examiner vos motivations et les avantages que vous retirez de la situation ? Si votre relation est aussi insupportable que vous le dites, il faut bien que vous en attendiez une gratification pour que vous hésitiez à y mettre fin. »

J'ai eu autrefois un ami que j'appréciais sur beaucoup de points mais qui avait un trait de caractère que je trouvais déplaisant : il se plaignait à longueur de journée de sa compagne, se présentant comme la victime de son instabilité, de son infidélité et de sa sexualité sous-développée.

Un jour, je lui demandai pourquoi il choisissait ce type de partenaires et pourquoi il s'entêtait à rester avec elles, malgré tout ce qu'il avait à leur reprocher.

Il me regarda d'un air morne, puis me répondit avec une pointe d'ironie : « Tout ça, c'est la faute de ma mère, n'est-ce pas ? » Je dois préciser que cet ami n'était pas un intellectuel ni un poète à la sensibilité exacerbée. C'était un lutteur professionnel, un professeur d'arts martiaux, considéré en son temps comme l'un des hommes les plus forts de la planète. Son histoire connut un dénouement heureux, cependant. Il trouva en lui les ressources pour surmonter son problème et pour cesser de se voir comme une victime. Il se choisit une compagne avec qui il eut un mariage heureux. « J'ai fini par grandir », me répondrait-il probablement si je lui demandais aujourd'hui l'explication de cette métamorphose.

J'ai le choix d'accepter ou de refuser certains comportements de mon partenaire. Il est évident que personne ne peut apprécier tout ce que dit ou fait son partenaire. Chacun d'entre nous doit parfois prendre sa part de comportements qui ne lui plaisent pas particulièrement. De telles concessions sont nécessaires et inévitables dans tout mariage. Cela dit, un point est essentiel : nous ne pouvons pas entretenir de relation satisfaisante si nous ne mettons pas des limites à ce que nous considérons comme acceptable.

Pour prendre le cas de figure le plus extrême, si rien de ce que fait ou dit notre partenaire ne peut nous inciter à protester ou à partir, si nous tolérons les pires cruautés, la relation dans laquelle nous nous trouvons n'est plus un mariage mais une forme d'asservissement. Chacun d'entre nous détermine ses propres frontières qui peuvent varier d'un individu à un autre.

Néanmoins nous avons tous besoin de mettre une limite à l'intolérable — l'estime que nous avons de nous-mêmes en dépend.

Si nous supportons passivement les railleries, les insultes et la violence physique, nous sommes responsables de notre décision. Si nous rendons la vie infernale à notre partenaire en lui faisant d'incessants reproches, nous sommes également responsables.

Une femme que j'ai connue se plaignait de ce que son mari ne gagnait pas assez d'argent, ce qu'elle jugeait immoral. Elle reprochait sans cesse son manque d'ambition à cet homme qui n'avait jamais eu de grandes prétentions et semblait par ailleurs très content de son métier de professeur. Je demandai à cette femme si elle désirait ne pas rester mariée à un homme qui ne gagnait pas assez d'argent et dont la ligne de conduite personnelle était pour elle si ennuyeuse mais elle se refusa à placer le problème sur un plan personnel. Pour éviter de prendre ses responsabilités, cette femme exprimait ses opinions au travers d'un discours moral qui ne l'impliquait pas personnellement. Elle se refusait à dire : « Je veux que mon mari gagne plus d'argent », car en présentant les choses de cette façon, pensait-elle, elle aurait paru trop matérialiste.

— Ce n'est pas un péché que de vouloir plus d'argent, lui fis-je observer dans le but de l'encourager à assumer son désir.

— Mais ne pensez-vous pas qu'il serait plus heureux s'il abandonnait ce travail de professeur pour entrer dans le monde réel ? me demanda-t-elle.

À travers cet exemple, j'ai cherché à démontrer que nos critères moraux ne sont jamais pertinents pour juger du comportement de notre partenaire, et qu'il peut être tentant de nier ses responsabilités en imposant des préférences personnelles sous couvert de grandes idées religieuses ou morales.

Je suis responsable de l'expression de mes désirs. Dans une authentique relation d'amour, les désirs du partenaire doivent compter autant sinon plus que ceux d'autres personnes avec qui nous entretenons des rapports moins intimes. Mais il est une responsabilité que beaucoup d'entre nous ne savent pas prendre : celle d'exprimer clairement leurs désirs. Lorsque nous échouons à envoyer des signaux explicites, notre partenaire ne peut nous donner la réponse que nous attendons, nous en sommes blessés et pouvons éprouver du ressentiment à son endroit.

Attendre de notre partenaire qu'il lise dans nos pensées est une autre façon d'éviter ses responsabilités. Pourquoi un tel manque de communication se produit-il si souvent dans les relations amoureuses ?

Lorsque deux personnes viennent me voir en se plaignant que leur partenaire ne tient pas compte de leurs désirs, je les soumets à un petit exercice : je les fais asseoir l'une en face de l'autre, et je demande à l'une d'elles de proposer à l'autre la phrase suivante à compléter : « Une des choses que j'attends de toi et que j'obtiens rarement... » Ainsi je leur fournis un canal par lequel elles peuvent aisément faire passer leurs désirs et leurs frustrations. Puis je leur demande de travailler sur la phrase suivante : « Si tu ne me donnes pas ce que j'attends, c'est parce que... » Le but ici est de faire prendre conscience aux gens qu'ils peuvent contribuer à créer leurs propres frustrations. Et les réponses les plus fréquentes sont celles-ci :

Je ne te dis pas ce que je veux.

J'agis comme si je n'avais besoin de rien.

Je te donne sans cesse et je fais de ce don un rempart infranchissable.

Je trouve des défauts à tout ce que tu essaies de faire pour moi.

Je me montre indifférent.

Je prétends être totalement autosuffisant.

De toutes ces fins de phrases, la plus fréquente est : « Je ne te dis pas ce que je veux. » Pour l'approfondir, j'incite chaque partenaire à exprimer ses motivations profondes en terminant cette phrase : « En ne te disant pas ce que je veux... » Et les réponses que j'entends sont les suivantes :

Je n'ai pas à affronter la peur d'un refus.

Je n'ai pas l'impression d'avoir droit à des exigences.

Je me place en position de martyr et c'est mon rôle.

Dans les exercices que je propose pour mettre en évidence les raisons d'un comportement autodestructeur tel que l'indifférence à l'autre ou les critiques exagérées, deux thèmes dominent : la peur d'être rejeté et la conviction de n'être pas autorisé à avoir des désirs et des besoins propres. Deux thèmes qui nous ramènent à un problème d'estime de soi.

Or il existe un moyen de résoudre à la fois cette déficience d'estime de soi et la difficulté relationnelle qui se pose au couple. Il consiste à *assumer l'entière responsabilité d'exprimer ses désirs et de s'assurer que le partenaire les a bien entendus et compris*.

Certes, lorsque nous exprimons clairement nos souhaits, nous n'avons aucune garantie qu'ils seront exaucés, mais si nous les gardons secrets, nous n'obtiendrons rien sinon de la frustration.

Si, pour une raison ou pour une autre, nous avons peur de faire connaître nos désirs, alors nous devons prendre acte de ces craintes et exprimer notre appréhension à notre partenaire en toute honnêteté. Nous ne servons aucunement nos intérêts en nous laissant arrêter par la peur de souffrir ou en nous persuadant que nous n'avons pas droit à des désirs personnels.

Nous avons la responsabilité de nous traiter nous-mêmes avec tout le respect que nous attendons des autres. Car autrement, en recherchant l'amour, nous nous plaçons dans une contradiction.

Je suis responsable de la façon dont je choisis de répondre aux attentes exprimées par mon partenaire. Si mon partenaire exprime le souhait que nous passions plus de notre temps libre en tête à tête, je peux choisir de lui faire part de mon point de vue sur la question ou bien prétendre n'avoir rien entendu. Je peux acquiescer, refuser ou proposer un compromis ; traiter cette demande avec sérieux ou avec désinvolture ; ou encore offrir une réponse bienveillante, agressive ou indifférente. Quelle que soit la demande de mon partenaire, qu'elle concerne le choix de nos vacances, l'achat d'un meuble ou un service qu'il attend de moi, les mêmes options s'offrent toujours à moi et je suis responsable de la réponse que j'apporte.

Lorsque nous aimons quelqu'un, il semble naturel de vouloir acquiescer à toutes ses demandes, bien qu'à l'évidence cela ne soit pas toujours possible. Mais exprimer notre amour, c'est être conscient des attentes de notre partenaire, être conscient des réponses que nous lui donnons et savoir qu'elles relèvent d'un choix personnel.

En travaillant avec des couples, je suis souvent frappé de constater combien la réflexion — et, partant, le sens des responsabilités —, est absente de leurs réponses. Ils sont insensibles au fait que ce sont précisément ces moments où le choix intervient qui font le caractère d'une relation.

Quand je veux mettre en évidence ce problème dans une thérapie, j'utilise cette phrase : « Si je devais

accorder du respect aux désirs de mon partenaire... »,
et les réponses que j'entends sont les suivantes :

Il faudrait que je l'écoute vraiment quand il me parle.

Je devrais réfléchir à ce qu'il me dit.

Je me montrerais plus gentil.

Je prendrais le temps de donner une explication lorsque je ne fais pas ce que je suis supposé faire.

Je n'oublierais pas si souvent ce qu'il me demande.

Je le prendrais au sérieux.

Je prendrais notre relation au sérieux.

Je répondrais « oui » ou « non », mais de façon consciente et responsable.

Un incident survenu il y a plusieurs années au cours d'une thérapie me revient souvent en mémoire : je recevais en consultation un mari et une femme qui semblaient très attachés l'un à l'autre. Mais la femme se plaignait de ce que leurs rapports sexuels ne se produisaient qu'à la demande de son mari. Si elle-même en prenait l'initiative, il refusait presque systématiquement en prétendant n'être pas d'humeur à ça. Ce problème aurait pu aisément être interprété comme la manifestation d'une lutte de pouvoir, le mari refusant de céder le contrôle en répondant aux propositions de sa femme. Mais après les avoir écoutés pendant quelques instants, et observé chez eux les signes d'une affection et d'un respect sincères, je me dis qu'il devait y avoir autre chose. Je leur dis qu'un couple avait plus de chances de fonctionner si chacun faisait des efforts pour dire « non » le moins souvent possible à son partenaire.

— Sur le principe, je suis d'accord avec vous, me répondit l'homme. Mais en matière de sexe, c'est différent. Que suis-je supposé faire si, par exemple, je suis assis à lire le journal et que Donna vient me faire un câlin, en me faisant comprendre qu'elle aimerait faire l'amour ? Un homme n'est pas une machine qui se déclenche à la demande.

Je ris, et lui demandai :

— Et pourquoi pas ? C'est bien ce que font des millions de femmes tous les jours. (Devant son air surpris, je continuai :) Pensez-vous vraiment que, par un incroyable phénomène de synchronisation, chaque fois que vous vous montrez amoureux et que votre femme vous répond favorablement, elle pensait justement à faire l'amour ? Je vous assure que, dans beaucoup de cas, elle n'était pas d'humeur à cela, elle non plus. Mais les femmes ont appris à mettre en route la machine, comme vous dites. Et je ne vois pas pourquoi les hommes ne pourraient pas en faire autant.

— Je n'avais jamais pensé à cela, me répondit-il d'un air parfaitement sincère.

C'est alors que Donna, sa femme, intervint :

— Le ressens-tu comme une nouvelle responsabilité ? demanda-t-elle à son mari.

— Pas du tout ! s'exclama l'homme. Au contraire, j'ai l'impression que l'on vient de me révéler un pouvoir dont je ne soupçonnais pas l'existence.

La question de la responsabilité se pose dans beaucoup plus de contextes que nous ne le pensons ordinairement.

Je suis responsable de l'adéquation entre l'amour que je professe et mon comportement réel envers mon partenaire. Nul ne peut se montrer amoureux en permanence, mais les relations réussies (c'est-à-dire celles qui apportent satisfaction et épanouissement au couple) sont celles dans lesquelles chacun des partenaires, dans son comportement avec l'autre, est cohérent avec les sentiments qu'il professe et ne se laisse pas absorber par les tracas du quotidien au point d'agir avec son conjoint de façon mécanique et détachée.

Il s'agit là d'un problème d'intégrité, d'adéquation entre nos paroles et nos actes. Si je dis à quelqu'un que je l'aime, cette personne est en droit d'attendre de moi que je m'intéresse à ce qu'elle pense et ressent, et que je l'écoute avec attention et respect. Si je dis à quelqu'un que je l'aime, je m'engage à soutenir cette personne dans les périodes difficiles qu'elle pourra traverser. Je ne promets pas de ne jamais lui en vouloir, ni désapprouver certains de ses actes, mais je promets d'être son meilleur ami et de lui offrir ma compassion. Si je dis à quelqu'un que je l'aime, je déclare que ses sentiments et ses besoins sont importants à mes yeux.

Les êtres immatures qui se servent du mot « amour » à la légère ne réfléchissent pas à l'engagement qu'ils prennent en faisant un tel serment.

Les couples les plus unis ne sont pas à l'abri d'une dispute et peuvent à l'occasion se sentir à l'étroit dans leur relation. Il peut arriver d'être blessé ou exaspéré par son partenaire et de désirer un peu de solitude. Il n'y a là rien d'anormal. De telles réactions ne sont ni une menace pour le couple ni incompatibles avec l'amour tel que je viens de le décrire.

L'amour responsable et mature se caractérise par cette faculté de comprendre que l'on peut être profondément épris de son partenaire tout en éprouvant parfois de la colère ou de l'agacement, et que la valeur de la relation ne doit pas être jugée sur ces variations ponctuelles des sentiments. Dans une relation saine, chacun sait qu'il a une histoire avec son partenaire à laquelle il ne renoncera pas sous la pression immédiate que pourra avoir engendrée une offense ou une déception, car le couple a une mémoire, vision d'ensemble qui dépasse les difficultés ponctuelles. Chacun reste en contact avec l'essence de la relation, en dépit des conflits passagers, et juge son partenaire sur la durée et non sur le comportement qu'il aura adopté à un moment donné.

Mais plus nous sommes dépendants, plus il nous est difficile de nous situer dans une telle perspective. Si, inconsciemment, nous voyons notre conjoint comme un protecteur, comme une personne dont la seule fonction est de nous rendre la vie plus facile, de satisfaire nos désirs, de nous apporter sécurité et bonheur, alors nous nous sentons trahis dès qu'il ne remplit plus le rôle que nous lui avons dévolu. C'est pourquoi je répète si souvent que l'amour est une affaire d'adultes.

J'ai la responsabilité d'assumer les charges qui m'incombent dans la relation. L'autonomie et la responsabilité sont naturelles chez un adulte qui a suivi une évolution normale, mais c'est un état auquel beaucoup d'hommes et de femmes ne parviennent jamais. Ils ont atteint la maturité dans leur corps, mais pas dans leur esprit. Sur un plan psychologique, ils demeurent à un stade qui ne correspond pas à leur âge physique.

Dans une relation de couple, la maturité joue un rôle déterminant, notamment sur les aspects suivants :

- Le développement d'une estime de soi réelle.
- Le développement de l'autonomie. En étant sûrs de nous, nous pouvons considérer notre partenaire comme un égal. Nous n'attendons pas de lui qu'il nous procure une estime de nous-mêmes, qu'il nous apporte le bonheur ou qu'il comble le vide d'une existence par ailleurs dénuée de sens.
- Le développement de valeurs propres. Si nous savons ce qui compte réellement pour nous, nous

sommes capables de faire preuve de plus de réalisme dans le choix de notre partenaire.

• Le développement de nos ressources intrinsèques. Si nous connaissons nos ressources, nous ne nous laissons pas décourager par les difficultés de la vie en général et de notre couple en particulier. Nous pouvons relever les défis avec confiance, optimisme et détermination.

Lorsqu'un individu n'a pas atteint sa maturité psychologique, il s'expose au danger d'attendre inconsciemment des autres qu'ils prennent à sa place la responsabilité de son existence, et plus particulièrement de sa vie affective. Il peut par ailleurs être parfaitement capable de se prendre en charge financièrement, mais dans sa quête du bonheur, il attend tout des autres. Il s'imagine qu'une autre personne pourra lui apporter le sentiment de sa propre valeur, lui épargnera la nécessité d'être indépendant et lui évitera d'avoir à affronter la solitude inhérente à chaque être humain. Cet individu aura tendance à éprouver de la souffrance et du ressentiment lorsque les autres ne se montreront pas à la hauteur de ses attentes.

Beaucoup de gens atteignent l'âge adulte en traînant derrière eux le boulet des problèmes et des conflits jamais résolus de leur enfance, et c'est avec un lourd handicap qu'ils entrent sur le terrain des relations intimes. Comme ils n'ont aucune conscience de leur infirmité, ils attendent de l'amour un miracle. Et quand celui-ci ne se produit pas, ils rejettent toute la faute sur l'amour ou sur leur partenaire.

« Je n'arrive pas à comprendre comment tant d'adultes peuvent parler si sérieusement de l'amour », me disait une femme aigrie par son divorce qui, à trente-cinq ans, se débattait toujours avec les problèmes d'une fillette. Toute sa vie, elle avait cherché en vain à se gagner l'affection d'un père froid et indifférent et elle avait été choquée et déçue en découvrant, peu après son mariage, que son époux lui aussi avait des besoins affectifs. Car elle s'était imaginé qu'elle n'aurait à tenir compte que de ses propres attentes. « De toute façon, les hommes ne savent pas aimer », affirmait-elle.

L'individu qui n'est pas autonome organisera sa vie autour de son désir de plaire et d'être pris en charge. Il pourra éventuellement dominer, manipuler les autres, voire exiger d'eux la satisfaction de ses besoins. Il n'aura aucune confiance dans la sincérité de l'amour qu'on lui portera et en demandera toujours plus à ceux qui l'entourent.

Mais qu'il se range dans la catégorie des dépendants ou dans celle des dominateurs, cet individu éprouvera toujours un sentiment d'inadéquation. Il ressentira en lui ce vide, ce trou béant qu'aurait dû combler son moi autonome s'il était parvenu à se développer. N'ayant pas appris à chercher l'approbation en lui-même, il continuera à l'attendre des autres.

Il arrive fréquemment que deux individus de ce type s'unissent par un accord tacite établissant que l'un d'eux sera l'enfant et l'autre le parent, comme si l'un disait : « Je serai désarmé et dépendant pour te permettre de te sentir supérieur », et que l'autre lui répondait : « Je serai fort et protecteur. Je serai le parent qui portera le fardeau de nos deux existences et, à l'occasion, un martyr. En échange, tu te sentiras en sécurité et tu me voueras une admiration sans bornes. » Dans un tel schéma, les conflits sont inévitables, car celui qui joue le rôle de l'enfant renie l'adulte qui est en lui et finira tôt ou tard par hurler son besoin de s'exprimer, tandis que celui qui joue le rôle du parent renie l'enfant qui est en lui et finira tôt ou tard par hurler ses désirs jamais satisfaits. Le dépendant protestera : « Arrête de me traiter comme un gamin ! » et le protecteur se révoltera : « Pourquoi dois-je porter tout le fardeau sur mes épaules ? Ne peux-tu te prendre un peu en charge ? »

Certains individus se montrent incapables d'être ce qu'ils sont vraiment, c'est-à-dire une femme ou un homme, et se retrouvent toujours à jouer le rôle de la mère, du père ou celui de l'enfant. Ces personnalités ont un talent particulier pour se trouver. Après quoi, elles s'ingénient à construire cette relation infantilisante et tourmentée qu'elles appellent un mariage.

Les attentes irréalistes sont souvent évoquées par les psychologues pour expliquer l'échec d'un couple. Et il est vrai qu'elles peuvent conduire une relation au désastre. Mais à mon sens, l'amour romantique n'est pas une chimère. Nous ne devons pas y renoncer sous le prétexte qu'il est irréaliste, dès lors que nous le considérons comme une aventure réservée aux seuls adultes.

Être adulte ne signifie pas qu'il faut abandonner l'enfant qui fait partie de notre personnalité, mais qu'il nous faut au contraire l'intégrer à mesure que nous développons notre autonomie et notre sens des responsabilités. L'individu mature sait aussi apprécier l'enfant chez son partenaire, en tant que partie intégrante de l'adulte qu'il aime.

Aimer quelqu'un véritablement, c'est apprécier sa force comme sa fragilité, sa puissance comme sa délicatesse, sa maturité comme sa juvénilité, mais en s'interdisant d'encourager des comportements destructeurs pour son partenaire comme pour soi-même. Aimer, ce n'est pas accepter n'importe quoi, ni renoncer à ses valeurs ; c'est offrir son appui à son partenaire chaque fois que cela est possible et approprié.

Nous connaissons tous des moments où nous désirons oublier temporairement nos responsabilités d'adultes et, sans être pour autant des enfants, il nous arrive de vouloir être dorlotés et protégés. Il s'agit là d'un besoin de prendre du repos qui n'a rien d'anormal. Lorsque notre partenaire nous prodigue des attentions, nous nous sentons aimés, et prodiguer ces attentions à notre partenaire, c'est lui montrer notre amour. Mais de tels instants ne sont appréciables que s'ils sont des exceptions et ne constituent pas le schéma fondamental du couple.

Je suis responsable de mon bonheur dans ma relation de couple. Si je porte en moi la flamme du bonheur et si j'accepte la responsabilité de la garder en vie, une relation amoureuse ne pourra que faire grandir ma joie. En revanche, je suis incapable d'apporter le bonheur à quiconque dépend entièrement de moi pour son bien-être affectif. Car cette personne dépendante pourra paraître heureuse, pendant un temps, au début de notre relation, mais si elle est d'un naturel dépressif, sa mélancolie finira tôt ou tard par refaire surface. Nous pouvons partager notre bonheur, mais nul ne peut créer la joie là où régnait la tristesse.

« Rends-moi heureux, c'est ton rôle dans notre relation. » Considérez seulement un instant quel fardeau ce serait pour nous d'entendre notre partenaire nous répéter chaque jour ce message. L'amour survivrait-il à un tel traitement ?

Le sens des responsabilités dans la relation amoureuse

Il est intéressant de noter que je n'ai jamais rencontré un patient, si immature soit-il, qui n'ait pas compris au moins jusqu'à un certain point ce que signifiait la responsabilité dans une relation de couple.

J'ai fait cette découverte grâce aux exercices de terminaison de phrases. « Si j'opérais avec seulement 5 % de sens des responsabilités en plus dans mon couple... » Lorsque je donnais cette phrase à mes patients, j'obtenais invariablement les réponses suivantes :

Je ne tiendrais pas mon partenaire pour responsable de mon insatisfaction.

Je ferais preuve de plus de compréhension.

Je n'exploserais pas si souvent pour des vétilles.

Je donnerais à mon partenaire ce que je voudrais qu'il me donne.

Je serais plus gentil.

Je parlerais plus honnêtement de mes motifs d'insatisfaction.

Je serais plus responsable de mes émotions.

Je serais plus juste.

Je ne m'apitoierais pas tant sur moi-même.

J'aurais avec mon partenaire une relation d'égal à égal.

Nous aurions plus de respect l'un pour l'autre.

Certains patients croient à tort que la responsabilité revient à subvenir nous-mêmes à tous nos besoins. Or, comme je l'ai déjà dit, la responsabilité n'est en rien synonyme d'autarcie. Nous avons à bien des égards besoin les uns des autres. Si je refuse de voir en quoi j'ai besoin de mon partenaire, il y a fort à parier que je resterai sourd à ses attentes et que je le trahirai, malgré tout l'amour que j'ai pour lui. Si, comme c'est le cas pour beaucoup d'hommes, je renie mon besoin d'attention et de tendresse, je serai probablement insensible à ce même besoin chez mon partenaire. L'empathie procède de la conscience de soi. Cette vérité, qui me semble si flagrante aujourd'hui, il m'a fallu à moi aussi beaucoup de temps pour la découvrir.

La plupart des gens n'ont pas à guérir toutes les blessures qu'ils gardent de leur enfance pour apprendre à devenir plus responsables dans leurs relations amoureuses. En l'occurrence, tout le travail de la thérapie consiste à sensibiliser les patients à l'idée de la responsabilité — à traduire cette idée en comportements — et à enseigner comment acquérir et mettre en œuvre les compétences requises. Le plus important dans toute cette démarche est cette sensibilisation à l'idée de la responsabilité, car elle permet au patient de se définir de nouveaux objectifs et d'entrevoir ses relations avec les autres sous un jour nouveau.

Il comprend que personne n'existe juste pour le servir, qu'il doit être prêt à donner ce qu'il espère recevoir, que les relations entre adultes sont réciproques et qu'en ne faisant pas ce qui est nécessaire pour entretenir la relation, il compte implicitement sur son partenaire pour pallier sa déficience.

Il est plus facile de ne voir dans l'amour romantique qu'une folie d'adolescent et de maudire la vie pour nos déconvenues que d'accepter ce qu'il exige de nous et d'assumer notre part de responsabilités dans la réussite de notre couple.

7

La responsabilité dans la vie professionnelle

Le sens des responsabilités s'exerce aussi dans notre vie professionnelle, et tout particulièrement au sein de l'entreprise lorsque plusieurs personnes travaillent ensemble pour atteindre des buts communs.

Il n'y a pas très longtemps, une importante firme a fait appel à mes services. On me demandait de créer, avec les mille employés des plus bas échelons de la hiérarchie, une culture d'entreprise fondée sur la responsabilité. J'ai tout de suite insisté pour travailler non pas avec le personnel subalterne mais avec la centaine de cadres supérieurs qui dirigeaient cette société, expliquant que si je ne les faisais pas participer au projet, si je ne pouvais compter sur leur enthousiasme et leur soutien, je ne réussirais pas dans la tâche qui m'était confiée. Le P.-D.G. m'opposa un refus. Il ne voulait pas être impliqué et considérait que ce problème était celui de la « troupe ». Cette réponse m'éclaira sur le pourquoi de mon intervention. Dans toute organisation, un changement de culture ou une prise de responsabilité doit d'abord se faire au niveau le plus haut.

L'entreprise moderne est un important vecteur de transmission de valeurs. Les principes selon lesquels elle opère et la façon dont elle traite ses employés, ses fournisseurs et ses clients ont une influence qui ne s'arrête pas à ses murs. Aujourd'hui, l'entreprise n'est plus seulement un lieu où sont produits des biens et des services, elle est tout à la fois un club, une communauté, une école et peut-être aussi, en tant que source de valeurs, une église. C'est un environnement qui peut avoir un impact profond sur les esprits.

Personne ne peut ne pas être affecté par la façon dont il est traité huit heures par jour et cinq jours par semaine, non plus que par le comportement moral qu'il observe chez ses collègues et ses supérieurs. Par le niveau d'intégrité, de responsabilité et de respect de l'individu dont ils font preuve, dirigeants et cadres ont une influence non seulement sur leur entreprise mais aussi sur toute la culture qui les entoure.

Malheureusement, rares sont ceux qui prennent toute la mesure de la responsabilité qu'ils ont en tant que modèles et que créateurs de valeurs. Ils ne réalisent pas qu'on les observe en permanence, que leur moindre parole, leur moindre attitude est relevée. Ils ne comprennent pas comment se forge une culture d'entreprise et encore moins comment leur influence peut largement dépasser les limites de leur firme.

En revanche, une chose devient claire pour eux, c'est que l'entreprise doit changer pour rester compétitive dans une économie mondiale en constante mutation — une économie dans laquelle la principale source de richesses n'est plus la terre, l'équipement industriel ou le capital, mais l'information, les idées, la matière grise. Quels que soient les mérites de toutes les méthodes de gestion actuellement en vogue (et ils sont indiscutables), le défi auquel est confrontée l'entreprise aujourd'hui est de trouver un moyen de motiver son personnel pour qu'il donne le meilleur de lui-même, un moyen de susciter l'innovation, le dépassement de soi et la responsabilité.

En quelques décennies, nous sommes passés d'une économie secondaire à une économie tertiaire. Les progrès de la science et de la technologie se font aujourd'hui à un rythme fulgurant. Le monde change à toute vitesse. Et le management hiérarchique à l'ancienne cède le pas à une recherche active de la contribution intellectuelle de chacun, à tous les niveaux de l'organisation.

Il est bien révolu, le temps où les sociétés étaient gérées par une poignée de directeurs qui détenaient toutes les données sur l'entreprise et prenaient toutes les décisions pendant que la « base » se contentait d'exécuter. Désormais, avec les avancées considérables de l'informatique, le savoir se répand rapidement et l'on attend de chacun qu'il prenne la responsabilité d'apporter des idées qui permettront à l'entreprise de progresser. Les employés sont supposés être capables de s'autogérer et de réfléchir en toute indépendance. Lorsqu'ils rencontrent des problèmes, ils sont censés entamer une recherche de solutions. L'obéissance n'est plus cette grande vertu qu'elle était autrefois. Elle a été remplacée par l'innovation et la responsabilité.

Le problème qui se pose à l'entreprise aujourd'hui est de trouver des moyens d'encourager ces comportements adultes et autonomes. En relevant ce défi, non seulement elle prendra un énorme avantage sur sa concurrence, mais elle contribuera à répandre l'idée de la responsabilité dans toute notre société.

Avant d'aller plus loin, je voudrais faire un avertissement à mes lecteurs : une grande partie de ce que j'expose dans ce chapitre concernant l'entreprise peut directement être appliquée au domaine du couple, de la famille et de la vie en général. Même si vous n'êtes pas particulièrement intéressé par cet univers, je suis sûr que vous trouverez dans les pages qui vont suivre des idées que vous pourrez mettre en pratique dans d'autres domaines de votre vie.

Créer un contexte favorable à la responsabilité

À tous les niveaux de la hiérarchie, du comité de direction aux responsables d'équipe, les cadres de l'entreprise sont un modèle auquel se réfèrent les autres employés. C'est donc à eux qu'il appartient de montrer l'exemple et de faire preuve d'un sens des responsabilités qui se manifestera par les comportements que je décris ici :

- En étant actif plutôt que réactif.
- En faisant preuve d'un niveau élevé de conscience et de détermination.
- En assumant chaque choix, chaque décision et chaque action sans en faire porter le blâme à quiconque ni les justifier par de mauvaises excuses.
- En prenant la pleine responsabilité de toutes ses promesses et de tous ses engagements.
- En connaissant la limite de son pouvoir.
- En étant dévoué à sa mission plutôt qu'à sa promotion.
- En s'attachant aux résultats plutôt qu'à la protection de ses prérogatives.
- En étant capable de rebondir face à l'adversité et en se remettant immédiatement au travail, au lieu de sombrer dans le défaitisme.
- En montrant une réelle volonté de regarder en face la réalité, qu'elle soit plaisante ou déplaisante.

Lorsqu'ils adoptent des comportements responsables, les cadres d'une entreprise exercent, sur l'ensemble du personnel, une influence que l'on peut comparer à celle des parents sur leur famille : ils créent un contexte favorable à l'intégration des valeurs de responsabilité. En les voyant agir, les autres se disent :

voilà la norme qui règne ici, voilà ce que l'on attend de moi.

Toutefois, cette identification n'est pas suffisante pour créer une culture d'entreprise basée sur la responsabilité. Elle doit s'accompagner d'une politique destinée à éveiller ce sens des responsabilités chez les employés. En tant que cadre, vous aurez donc le devoir de vous plier à certaines règles :

Exposez clairement ce qui est attendu de chacun. Ayez une idée précise des responsabilités incombant à chacun et faites en sorte que tout employé sache clairement ce qui est attendu de lui.

Il y a quelques années, le P.-D.G. d'une entreprise moyenne qui s'inquiétait du faible niveau de responsabilisation qui régnait dans sa société me chargea de déterminer les causes de ce problème et de trouver comment y remédier. Je lui suggérai de commencer par demander aux cadres de la direction de rédiger un mémo dans lequel ils exposeraient les responsabilités qu'ils pensaient devoir assumer et celles qu'ils auraient souhaité avoir. Les résultats que nous obtînmes furent des plus confus. Dans certains cas, il s'avéra que plusieurs cadres pensaient avoir la responsabilité exclusive d'une même mission, tandis que certaines tâches semblaient n'incomber à personne. Autrement dit, certains domaines recevaient trop d'attention, ce qui engendrait un type de problème, tandis que d'autres étaient complètement négligés, ce qui engendrait un autre type de problèmes. L'étape suivante consista à redéfinir le champ de responsabilité de chacun, avec son accord. Le même exercice fut ensuite demandé aux cadres du deuxième niveau de hiérarchie dans l'organigramme de la société. Là encore, nous obtînmes des résultats équivoques et les mêmes mesures furent appliquées pour remédier au problème. Cet exemple montre qu'il ne peut y avoir distribution adéquate des responsabilités tant que chacun ne sait pas clairement ce qui est attendu de lui.

Cherchez à connaître les objectifs professionnels de vos collaborateurs. Demander à un employé quelles responsabilités il désire prendre peut vous renseigner sur ses ambitions. Les meilleurs éléments aspirent toujours à dépasser les limites de leur poste et c'est là une attitude qui doit être encouragée autant que possible. Il faut donner aux gens toutes les responsabilités qu'ils sont capables d'assumer, leur en demander toujours davantage et les pousser à être plus exigeants envers eux-mêmes. Il faut leur assigner des tâches et leur confier des projets qui dépassent légèrement leurs aptitudes reconnues.

Restez focalisé sur votre mission et prenez des distances avec votre ego. Si, dans vos rapports avec les autres employés, vous gardez une vision objective de la réalité et des exigences attachées à votre mission, vous empêcherez qu'une divergence de vues ne dégénère en conflit de personnes. L'employé responsable analyse les faits en toute objectivité et prend une position fondée sur la réalité sans se laisser influencer par des luttes de pouvoir.

Invitez et accueillez toute remarque sur vos qualités de manager. Montrez à vos collaborateurs que vous souhaitez sincèrement connaître la façon dont vous êtes perçu. Faites-leur savoir que, dans le cas où ils auraient des doléances à exprimer, ils sont invités à le faire aussitôt que possible. Pour leur inspirer confiance, ayez avec eux une écoute ouverte. Et surtout faites-leur comprendre que vous ne tolérez pas les reproches jamais exprimés qui se transforment en aigreur et en ressentiment. Donnez l'exemple d'un comportement responsable et faites clairement savoir qu'il est ce que vous attendez des autres.

Corrigez vos collaborateurs sans les accabler. Si l'un de vos collaborateurs se comporte d'une façon inacceptable, faites-le-lui savoir en insistant sur les conséquences que sa négligence peut avoir sur les autres membres de l'équipe, puis présentez-lui clairement ce que vous attendez de lui. Lors de cet entretien, restez au niveau des faits en évitant de porter tout jugement personnel. Comme vous vous adresserez à l'adulte responsable qui est en lui, votre collaborateur ne pourra vous offrir une réponse évasive ou défensive.

Aidez vos collaborateurs à réfléchir sur leurs actes. Si l'un de vos collaborateurs réalise un travail de qualité ou prend une excellente décision, ne vous contentez pas de le féliciter, mais invitez-le à se demander pourquoi et comment cela est arrivé. En lui posant les questions adéquates, aidez-le à trouver ce qui lui a permis de réussir dans sa tâche. Par exemple, demandez-lui dans quel état d'esprit il a travaillé. Ainsi, il ne mettra pas ce coup d'éclat sur le compte de la chance, mais au contraire il prendra conscience du fait qu'il en a été l'instigateur. Vous aurez donc augmenté la probabilité pour qu'un tel comportement se reproduise. Cette méthode peut aussi s'appliquer dans le cas inverse, si quelqu'un effectue un travail médiocre ou prend une mauvaise décision. Ne vous contentez pas de corriger cette personne, mais incitez-la à se demander ce qui a été la cause de son erreur en insistant sur sa responsabilité. Ainsi vous diminuerez les risques que cette erreur se reproduise.

Établissez des normes de mesure des performances claires et sans équivoque. En tant que dirigeant ou manager, vous devez faire en sorte que chacun de vos collaborateurs sache quelle est la qualité minimale de travail exigée de lui et lui laisser clairement entendre que l'irresponsabilité à ce niveau est totalement inacceptable.

Laissez les problèmes à celui qui les a créés. Si l'un de vos collaborateurs a créé un problème, faites-le-lui savoir et demandez-lui de trouver une solution. Gardez-vous de fournir des solutions toutes prêtes qui épargneraient à cette personne le soin de prendre une initiative ou de trouver des idées pour régler le problème dont elle est la cause.

Cherchez des solutions plutôt que des coupables. Lorsqu'un problème survient, ne vous demandez pas qui est responsable, mais plutôt ce qui doit être fait pour remédier à la situation. Faites comprendre autour de vous que chercher des coupables est une perte de temps et qu'il est préférable de trouver des solutions.

Procurez à vos collaborateurs des ressources qui leur permettront d'être responsables. Vos collaborateurs ne peuvent être tenus pour responsables de la mission que vous leur confiez si vous ne leur procurez pas les ressources, les informations et les pouvoirs qui leur permettront de la mener à bien. Rappelez-vous qu'il ne peut y avoir de responsabilité sans pouvoir. Certes, il arrive occasionnellement qu'un « héros » s'élève au-dessus des circonstances, qu'il prenne un pouvoir que nul ne lui a conféré et des responsabilités sortant du cadre de ses attributions, mais il serait injuste et déraisonnable pour l'encadrement de ne tabler que sur ces cas exceptionnels.

Ne perdez pas de vue votre fonction. Un bon manager n'est pas celui qui apporte des solutions brillantes mais celui qui incite ses collaborateurs à lui trouver des solutions brillantes. Comme un bon entraîneur, le bon manager doit s'évertuer à tirer des gens le meilleur, mais en s'abstenant de faire le travail à leur place. Pour cela, il doit apprendre à contenir ses pulsions exhibitionnistes et son désir d'être admiré.

Travaillez à modifier la culture d'entreprise lorsqu'elle va à l'encontre du sens des responsabilités. Il arrive parfois que des méthodes héritées de l'ancien modèle hiérarchique de management soient un frein au sens des responsabilités que vous tentez par ailleurs de promouvoir. C'est le cas, par exemple, lorsque la prise de décision est très centralisée, car alors, ceux qui sont directement concernés ont l'impression d'être paralysés et dépossédés d'un pouvoir. Dans un tel modèle, l'innovation et la créativité sont étouffées et toute responsabilité personnelle tuée dans l'œuf.

Évitez le management de proximité. Il est l'ennemi de la responsabilité et de l'autonomie. Ne soyez pas trop présent dans la gestion de votre équipe. Renoncez à exiger des comptes de vos collaborateurs à tout propos. Faites-leur savoir ce que vous attendez d'eux, puis laissez-les se débrouiller seuls. Laissez-les se battre et prendre l'initiative de demander de l'aide quand ils en ont besoin, et ne leur retirez pas cette décision. Comme les parents trop protecteurs peuvent entraver l'évolution de leur enfant, de même les managers trop présents inhibent chez leurs collaborateurs les qualités les plus indispensables au succès de leur entreprise. La confiance est un passage obligé dans l'apprentissage du sens des responsabilités. Si vous croyez dans les compétences et dans la valeur de vos collaborateurs, vous aurez plus de chances de tirer d'eux le meilleur. Abstenez-vous d'intervenir, à moins que cela ne soit absolument nécessaire.

Intégrez l'innovation à votre calendrier et à votre budget. Il est inconcevable d'exiger des gens sens des responsabilités, initiative, innovation et créativité pour leur annoncer ensuite que vous ne disposez pas des ressources nécessaires pour soutenir et mettre en œuvre cette politique. Car en agissant ainsi, vous risqueriez de démoraliser vos troupes et de les faire sombrer dans la passivité. Donnez à vos collaborateurs les moyens de se montrer responsables.

Optimisez les compétences de vos collaborateurs en mettant à leur disposition les moyens qu'ils demandent. Lorsque les gens ont l'impression de ne pas contrôler leur travail, ils finissent par perdre leur motivation et leur ambition. Il vous appartient alors de leur demander ce qui leur serait nécessaire pour se sentir plus responsables et de leur donner ce qu'ils exigent dans la mesure du possible.

Récompensez les comportements responsables. Récompensez chez vos collaborateurs l'affirmation de soi, la prise de risque intelligente, l'initiative, et tous les comportements tournés vers l'action. Trop d'entreprises vantent ces mérites mais récompensent dans la réalité ceux qui se conforment à la norme, qui ne posent pas de questions embarrassantes, ne bouleversent pas le *statu quo* et remplissent les obligations liées à leur fonction d'une manière essentiellement passive. Si vous voulez créer une culture fondée sur l'innovation et sur la responsabilité, ne ratez pas une seule occasion de faire l'apologie de ces valeurs. Lorsqu'un individu a fait preuve d'originalité dans l'exécution de sa tâche, diffusez largement son histoire. Rien n'est plus révélateur de l'état d'esprit qui règne dans une entreprise que les anecdotes qui circulent dans ses murs.

À présent que nous connaissons les grands principes présidant à la création d'une culture de la responsabilité, je voudrais donner quelques exemples pratiques qui nous renseigneront sur la nature des difficultés rencontrées sur le terrain.

L'évitement des responsabilités dans le travail

L'évitement des responsabilités peut revêtir de multiples formes. L'une d'elles, nous l'avons déjà vu, consiste à refuser la réalité.

Un de mes amis, avec qui je déjeunais récemment, se plaignait d'une secrétaire qu'il venait de prendre à son service. Il s'était battu pendant longtemps pour obtenir la permission de faire cette embauche et, à présent, il regrettait amèrement son choix.

— Elle a de très bonnes idées, me dit-il. Mais dès qu'il s'agit d'organiser, de régler des détails pratiques, cette fille est une véritable catastrophe. Un jour, par exemple, je lui ai demandé de photocopier un article et de l'envoyer à un de mes clients. Eh bien, elle a tout fait selon mes instructions, mais quand le type a reçu le document, les pages étaient agrafées dans le désordre. Si je lui fais un reproche, elle se confond toujours en excuses mais elle continue à me faire ce genre de gaffes tous les jours. J'ai tout essayé, mais rien n'y fait. Ça m'ennuie de la virer, parce que, en plus, il faudrait que je trouve quelqu'un pour la remplacer, mais franchement elle me rend dingue.

Nous continuâmes notre déjeuner en parlant de choses et d'autres. Mais à la fin du repas, mon ami ramena la conversation sur sa secrétaire.

— Tu sais, j'ai réfléchi à ce que tu enseignes sur le

sens des responsabilités, me dit-il. Et j'en suis venu à me demander si je ne me suis pas fourré tout seul dans ce pétrin.

Il se tut et nous restâmes silencieux pendant quelques minutes. Puis il reprit :

— Je crois savoir d'où vient le problème. Quand je l'ai reçue en entretien, j'avais déjà lu son C.V. et il était excellent. J'étais très impatient de prendre une décision parce que j'avais déjà vu beaucoup de personnes qui ne m'avaient pas convenu. Toute cette procédure m'ennuyait et j'avais hâte d'en avoir fini. À la fin de notre entretien je lui ai demandé si elle était organisée et méticuleuse, et elle m'a répondu : « Je fais de mon mieux... mais il y a parfois des petits incidents. » Cette phrase aurait dû me mettre la puce à l'oreille. J'aurais dû remercier cette fille et la laisser partir, mais je voulais régler ce problème et me remettre à mon travail, alors je n'ai pas accordé toute l'attention requise à ce qu'elle me disait et je n'ai pas analysé le sens profond de ses paroles. Maintenant, je regrette de n'avoir pas mieux écouté. Elle me disait tout simplement qu'elle n'assumait pas la responsabilité d'accomplir correctement sa tâche, et j'ai choisi de ne rien entendre. Aujourd'hui, je paie chèrement mon inconséquence.

Dans notre vie professionnelle (comme dans notre vie personnelle), nous évitons aussi les responsabilités en feignant l'ignorance. Nous rencontrons une personne appelée à devenir un employé, un associé, un client ou un conjoint et nous faisons la sourde oreille, nous filtrons les informations qui nous parviennent et rejetons celles qui nous dérangent. Puis, quand vient la déception ou le désastre, nous nous lamentons : « Comment aurais-je pu savoir ? » Et nous nous persuadons d'être victimes de la malchance.

Il m'est arrivé très souvent de conseiller des gens qui avaient une propension à se mettre en affaires avec des personnes qui devaient les trahir. Eh bien, dans chaque cas, il y avait eu des signes avant-coureurs qui n'avaient pas été pris en compte à un niveau conscient. Ces gens, en prétendant n'avoir rien vu et rien su, pouvaient ainsi se complaire dans leur rôle de victime et dénier toute responsabilité dans les malheurs qui les frappaient.

Au cours de ces vingt dernières années, beaucoup de sociétés ont mis la clé sous la porte ou perdu d'énormes parts de marché parce que leurs dirigeants refusaient d'interpréter certains indicateurs économiques pourtant évidents qui leur disaient que la stratégie adaptée naguère ne correspondait plus à la réalité. Ce que leurs concurrents avaient vu et intégré, ils refusaient de l'admettre. La chasse aux coupables qui s'est ensuivie et les piètres excuses qu'avancèrent ces sociétés pour expliquer leurs mauvais résultats n'eurent pas d'autre effet que de les plonger dans un marasme encore plus grand. En voyant que les événements ne tournaient pas à leur avantage, les responsables de ces firmes auraient dû se demander : « Qu'est-ce que je refuse de voir ? » Mais une telle démarche requiert une honnêteté intellectuelle inconcevable pour qui n'accepte pas ses responsabilités.

Une autre façon d'éviter ses responsabilités consiste à créer un climat de confusion. « Personne ne m'a dit ce que j'étais supposé faire. » « Je ne savais pas que ce travail était si urgent. » « Mon chef m'a dit de procéder d'une certaine façon et vous me dites de faire autrement. Je ne savais pas à qui obéir, alors je n'ai rien fait. » « Vos instructions n'étaient pas claires. » « Comme personne n'a contrôlé mon travail, je ne savais pas si j'avais bien fait. »

Lorsque les gens ont le sens des responsabilités et s'engagent à produire un certain résultat, ils ne laissent pas s'installer la confusion et, au contraire, font tout ce qui est possible pour la dissiper. Leur but n'est pas d'éviter un blâme, mais de tenir leurs engagements sans ménager leurs efforts. C'est ce que j'appelle « la responsabilité dans l'action ».

Une autre manière d'éviter ses responsabilités consiste à adopter une vue étroite de ses attributions. « Mais ce n'est pas mon boulot ! », c'est ainsi que l'on pourrait résumer cette stratégie. Les employés passifs voient les erreurs se commettre sous leurs yeux, ils entendent les plaintes des clients, mais comme ils considèrent que ces problèmes ne relèvent pas de leurs fonctions, ils restent assis à les regarder s'accumuler sans jamais se donner la peine de tirer le signal d'alarme et encore moins de rechercher une solution.

Un de mes patients, cadre supérieur dans une entreprise de fabrication d'outils industriels, se plaignait de l'inefficacité de ses fournisseurs :

— Si les livraisons ne sont pas faites dans les temps, nous ne pouvons tenir nos engagements vis-à-vis de nos clients. Nous devons faire partir une commande importante la semaine prochaine et un composant qui aurait dû nous parvenir il y a un mois n'est toujours pas arrivé ! Or tout le monde semble s'en ficher éperdument. Le fournisseur, mais aussi les employés.

— Et vous, que faites-vous ? lui demandai-je.

Il me regarda d'un air surpris avant de me répondre :

— Oh, c'est un problème dont on m'a juste parlé, mais il ne me concerne en rien. Il ne relève même pas de mon service.

Je lui demandai alors, à titre d'expérience, d'imaginer comment il agirait s'il faisait de la réussite de son entreprise sa responsabilité personnelle, à condition, bien sûr, qu'il ait le pouvoir d'intervenir.

Son visage s'éclaira et il me dit : « Oh, j'ai plein d'idées là-dessus... » et il entreprit de m'en faire part. Avant de nous quitter, je lui donnai un petit exercice à pratiquer à la maison : je lui demandai d'écrire, chaque matin, et pendant deux semaines, six fins possibles à la phrase suivante : « Si aujourd'hui j'augmentais mon efficacité au travail de 5 %... »

Une autre forme d'évitement des responsabilités consiste à attendre passivement que quelqu'un se décide à intervenir.

Le P.-D.G. d'une fabrique de vêtements féminins savait qu'une terrible rivalité opposait deux de ses directeurs et que la guerre fratricide qu'ils se livraient finirait par devenir très préjudiciable à sa société. Mais cet homme craignait les affrontements et se sentait très mal à l'aise à l'idée de reprendre ses collaborateurs sur leur inconduite. Il fermait les yeux et se disait que tout finirait par se tasser. La situation se dégrada encore, mais il resta retranché dans la même passivité, si bien que le conseil d'administration prit la décision de le remplacer. Cet homme en fut anéanti. « J'ai donné à cette société le meilleur de moi-même, se plaignait-il auprès de ses amis. Et voilà comment ils me récompensent. C'est injuste ! »

Une autre forme d'évitement des responsabilités consiste à faire accuser quelqu'un d'autre des erreurs que nous avons commises. Dans une entreprise qui fonctionne mal, il est courant de voir ainsi une équipe ou un service en blâmer un autre pour tout retard ou dysfonctionnement. C'est ce que décrivent Connors, Smith et Hickman dans leur livre *The Oz Principle* [1] :

« ... le marketing accuse le service de recherche et développement de concevoir des produits ou des fonctions inutiles à la place de celles que réclame le client. Le service des ventes accuse le marketing de créer des supports inadaptés, brochures mal conçues ou publicités mal ciblées. La fabrication accuse les ventes de faire des prévisions irréalistes dont il résulte tantôt des

1. Roger CONNORS, Tom SMITH et Craig HICKMAN, *The Oz Principle*, Englewood Cliffs, N.J., Prentice Hall.

retards dans le traitement des commandes, tantôt un surdimensionnement des stocks. Le service de recherche et développement montre du doigt la fabrication qu'il accuse de ne pas résoudre les problèmes de faisabilité en atelier. Les vice-présidents reprochent violemment leur manque de sens des responsabilités aux directeurs, qui à leur tour leur reprochent de ne pas donner assez de consignes ou d'autonomie. Ainsi tourne sans fin la ronde des griefs sans jamais rien résoudre des problèmes de l'entreprise. »

Dans notre civilisation, le blâme a une longue histoire. Adam accusa Eve de lui avoir fait croquer le fruit défendu, Eve accusa le serpent de l'avoir enjôlée, et le serpent aurait probablement dit pour sa défense : « C'était plus fort que moi. Je n'ai pas pu résister à mes penchants naturels. C'est la nature qu'il faut condamner et pas moi. »

Les enfants ont continuellement recours à ce genre d'excuses : « C'est pas moi qui ai cassé le vase, c'est Camille. » Mais en grandissant, ils renoncent peu à peu à utiliser ces stratagèmes pour se disculper.

L'inconvénient, lorsque nous faisons porter le blâme à quelqu'un d'autre, c'est que nous refusons de voir en quoi nous avons peut-être nous aussi contribué au problème et que, par voie de conséquence, nous ne cherchons pas de solution. Le blâme est donc un obstacle à une correction de la situation.

Lorsque les gens ne sont préoccupés que de se couvrir, de démontrer que ce qui est arrivé n'était pas leur faute, c'est au détriment de l'estime qu'ils se portent, de leur maturité et de leur autonomie d'adulte, mais aussi au détriment de l'entreprise.

Enfin, l'évitement des responsabilités peut aussi se manifester à travers une forme subtile de passivité : c'est l'attitude du « j'en ai assez fait ». L'individu qui fonctionne selon ce mode pense s'être montré responsable dès lors qu'il a fait un effort, que le but qui lui était fixé ait été atteint ou non. Il entreprend la démarche, puis il se dit : « J'ai fait mon devoir, personne ne peut rien me reprocher. J'ai essayé. » Bien sûr, il ne se demande pas ce qu'il pourrait faire d'autre. Or, les gens qui persistent à se poser cette question sont précisément ceux qui portent le monde sur leurs épaules.

La responsabilité n'est pas l'omnipotence. Il y a toujours des situations où, malgré toute notre détermination et notre persévérance, nous échouons dans notre tâche. Lorsque cela se produit, nous ne devons pas nous sentir coupables ni nous fustiger, car nous pouvons nous dire en toute honnêteté que nous avons fait tout ce qui était en notre pouvoir. Hélas, rares sont ceux qui, dans l'entreprise comme dans leur vie privée, atteignent ce niveau de responsabilité, car trop de gens s'arrêtent à mi-chemin en se disant : « J'ai fait ce qu'il fallait. On ne pourra rien me reprocher », comme si éviter le blâme était un but en soi.

Développer le sens des responsabilités

À présent que nous avons passé en revue les stratégies les plus répandues d'évitement des responsabilités, la question est de savoir comment les dirigeants d'entreprise peuvent corriger de tels comportements.

Lorsque quelqu'un raconte ses déboires en se plaçant d'emblée en victime, nous pouvons l'amener à réfléchir à la situation en lui posant les questions suivantes : « Y avait-il quelque chose que vous prétendiez ne pas voir, des signes avant-coureurs dont vous avez choisi de ne pas tenir compte, des points que vous souhaitiez discuter mais qui vous sont sortis de la tête ? » Cet exercice ne doit pas être un réquisitoire, mais un examen neutre et objectif des faits.

Il pourra arriver que la personne ait à reprendre plusieurs fois son récit avant qu'une prise de conscience ne s'opère. Dans certains cas, il n'y aura rien à mettre au jour parce que rien n'avait été éludé au départ. Néanmoins, cet examen de conscience aura valeur de discipline. Analyser les difficultés, les retards ou les échecs de l'entreprise sous ce jour est un moyen d'amener le sens des responsabilités au centre des préoccupations de chacun.

Dans ce domaine, j'aime à utiliser les exercices de terminaison de phrases : « Si j'avais ouvert les yeux, quels sont les points : a) que j'aurais pu choisir d'ignorer... b) auxquels j'aurais pu accorder plus d'attention... c) que j'aurais pu être réticent à considérer. (Notez ici l'emploi de la tournure « j'aurais pu », qui a pour but de rendre cet examen de conscience le moins culpabilisant possible.)

Lorsque nous sommes face à une personne qui, dans son exposé des faits, a tendance à se cacher derrière un écran de fumée, nous pouvons lui poser les questions suivantes : « Qu'auriez-vous pu faire pour dissiper la confusion ? Quelles actions auriez-vous pu entreprendre pour clarifier les choses ? Quels avantages retirez-vous de la confusion que vous créez ? Pouvez-vous imaginer qu'une autre personne aurait agi différemment dans la même situation ? »

Encore une fois, cet interrogatoire doit être mené dans le respect et sans animosité. Son objectif est d'améliorer les performances de l'individu grâce à une prise de conscience d'un certain mode de fonctionnement.

L'exercice consiste ici à reprendre point par point le récit des événements jusqu'à ce que l'individu concerné puisse repérer le moment précis où il aurait pu lever l'ambiguïté. Son but est d'enseigner un certain mode d'autogestion grâce auquel cette personne n'aura plus besoin d'être conseillée.

Face aux individus qui ont une vision étroite de

leurs attributions, il convient dans un premier temps d'expliquer que, dans une entreprise moderne, la description de poste établit le minimum de ce qui est attendu d'un employé. Si celui-ci aspire à faire carrière, il doit comprendre que les gagnants sont ceux qui ne se limitent pas au cadre formel de leurs attributions mais qui cherchent par tous les moyens à acquérir de nouvelles compétences et à améliorer leur contribution à l'entreprise. Le mode de travail répétitif et mécanique déniant à l'individu toute initiative, s'il était la règle au début du siècle, n'est plus adapté à notre économie postindustrielle et il faut que chacun prenne conscience de cette réalité. Il s'agit là d'un message essentiel qu'il convient de faire passer non seulement ponctuellement, en réponse à un problème précis, mais aussi de véhiculer à travers toute la culture de l'entreprise par tous les moyens à notre disposition : communication interne, évaluation des performances, mais aussi instauration d'un système de célébration et de récompense des contributions exceptionnelles à la réussite de la société. Chaque employé doit se voir continuellement rappeler que l'on attend de lui qu'il réfléchisse et qu'il fasse preuve d'initiative. Si un collègue lui lance la balle, son rôle est de la rattraper.

Si vous avez la malchance de travailler pour un employeur qui n'apprécie pas la responsabilité à sa juste valeur, il est peut-être temps pour vous d'aller voir ailleurs, à moins que vous ne vous sentiez de taille à changer les mentalités dans votre entreprise.

Quant aux individus qui pratiquent la politique de l'autruche, nous pouvons les aider à prendre conscience de leur comportement en leur posant les questions suivantes : « Avez-vous imaginé ce qui arriverait si vous gardiez la tête dans le sable ? Comment pensiez-vous que le problème allait se résoudre ? Qui, d'après vous, allait y remédier ? Que vous êtes-vous dit en voyant que personne n'intervenait et que la situation empirait ? Avez-vous songé à la responsabilité que vous aviez ? Si vous étiez le directeur de cette entreprise, accepteriez-vous un comportement tel que le vôtre, qu'attendriez-vous d'un employé tel que vous ? D'après vous, quelles circonstances faudrait-il réunir pour que vous soyez capable de prendre plus d'initiatives dans les situations auxquelles nous faisons allusion ? »

Pour remédier à ce type de comportement, je préconise souvent des exercices à pratiquer pendant une ou deux semaines. Ces exercices consistent à compléter les phrases suivantes : « Quand je reste sans réaction face à un dysfonctionnement que je vois s'aggraver... » ; « Si j'attends des autres qu'ils règlent les problèmes... » ; « Si je deviens 5 % plus responsable... » ; « Si j'accepte le fait que personne ne viendra sauver la situation... » ; « Si je traduis cette prise de conscience en actions... »

Lorsqu'une personne se sera prêtée à ces exercices, il conviendra d'examiner avec elle les réponses proposées et d'envisager un nouveau type de comportement, puis, un mois ou deux plus tard, de la soumettre si nécessaire à une nouvelle évaluation.

De tous les comportements d'évitement des responsabilités, celui qui consiste à incriminer les autres est particulièrement difficile à contrer parce que, dans la plupart des cas, il est profondément enraciné dans le psychisme de l'individu. Il constitue souvent un mode de réponse appris dès l'enfance et jamais dépassé. Et même lorsqu'il n'est pas inscrit dans l'histoire personnelle, il reste difficile à combattre parce que le blâme peut être en partie justifié.

Or, dans cette situation, le problème n'est pas de savoir si l'autre que l'on accuse est véritablement coupable, mais de substituer à ce mode de réponse une attitude plus positive qui consiste à se demander :

« Que puis-je faire pour remédier au problème ? », et d'encourager la recherche des solutions plutôt que la désignation des fautifs.

Pour se débarrasser d'un comportement indésirable, il faut pouvoir y proposer un substitut. Il est vain d'inciter un employé à ne plus juger les autres responsables de tous les problèmes de l'entreprise si nous ne lui proposons pas en échange un mode différent de fonctionnement.

À cet effet, il peut être utile d'inviter cette personne à se poser les questions suivantes : « Si je prenais l'entière responsabilité de résoudre mes problèmes, indépendamment du fait qu'ils ont pu être causés par quelqu'un d'autre, que ferais-je ? Si quelque chose me déplaît et que je suis déterminé à apporter un changement à ma situation, quels sont les choix qui me sont offerts et quelles actions puis-je entreprendre ? Si des obstacles se présentent, comment puis-je les contourner afin de remplir coûte que coûte mes objectifs ? »

J'ai trouvé récemment dans le livre *The Oz Principle* auquel j'ai déjà fait référence plus haut une anecdote qui illustre à la perfection certaines des idées que je développe ici. Une jeune entreprise d'informatique fondée dans un garage était parvenue, au prix d'énormes efforts, à vendre l'un de ses systèmes à l'une des plus grosses firmes des États-Unis. Il régnait dans cette petite société une solidarité quasiment familiale, et la nouvelle de cette première réussite commerciale déchaîna un tel élan d'enthousiasme que le chauffeur du camion, qui travaillait pourtant pour le compte d'un autre employeur, fut gagné par cette excitation alors qu'il chargeait l'ordinateur à bord de son semi-remorque auquel il allait faire traverser tout le pays.

Cet homme avait immédiatement mesuré l'enjeu de sa mission, laquelle était de livrer sa cargaison dans les temps. Hélas, il n'était pas en route depuis plus de huit heures qu'en faisant halte à sa première station de pesage, il découvrit que son chargement dépassait la limite autorisée de près de trois cents kilos. Il savait que s'il essayait d'obtenir les autorisations requises, il serait immanquablement en retard pour la livraison promise. Mais cet homme était plein de ressources. Au lieu de s'en remettre aux autres en se disant qu'après tout ce n'était pas à lui de régler le problème, il entreprit de démonter les pare-chocs de son camion qu'il cacha dans un buisson avec l'idée de les récupérer à son retour, et de se délester d'une partie de sa provision d'eau. Il parvint ainsi à ramener le poids de son chargement sous la limite légale et put se remettre en route. L'ordinateur fut livré dans les temps.

Dans sa mésaventure, cet homme n'avait jamais cherché à trouver un coupable, ni à créer un climat de confusion. À aucun moment il ne s'était dit : « Ça ne fait pas partie de mon boulot, je n'ai pas à m'embarrasser de ce problème. » Au contraire, n'ayant pour seul guide que son intelligence, il avait cherché et trouvé une solution. Voilà une formidable histoire qui rend honneur à l'héroïsme quotidien dont font preuve ceux qui acceptent leurs responsabilités.

J'aimerais à ce propos faire une petite remarque personnelle. J'ignore quel contenu d'autres que moi donnent au mot « moralité », mais pour ma part je considère que la moralité, c'est l'état d'esprit dans lequel se trouvait ce camionneur, c'est mettre tout en œuvre pour relever les défis auxquels la vie nous confronte.

Finalement, comment aider les gens à dépasser la mentalité du « j'en ai assez fait » ? Comment leur faire comprendre que le but du jeu n'est pas d'être irréprochable mais d'atteindre son but ? Personne n'aurait accablé ce chauffeur s'il avait été en retard pour sa livraison. Mais le problème n'était pas là. Le problème était de livrer cet ordinateur dans les temps. Cet homme a mesuré l'enjeu de sa mission et pris ses responsabilités en conséquence.

Pour obtenir que ses collaborateurs se montrent plus responsables, le chef d'entreprise ou le manager doit poser les bonnes questions : « Comment définiriez-vous les responsabilités attachées à votre fonction ? Quelles sont les limites de ces responsabilités ? À quel moment décidez-vous que vous en avez assez fait ? D'après vous, que devez-vous faire lorsque vous avez tout tenté sans pourtant atteindre votre but ? À quel moment décidez-vous d'abandonner ? Comment justifiez-vous cette décision ? Si vous possédiez cette société, attendriez-vous d'un employé qu'il soit plus persévérant que vous ? Vous jugez-vous capable de ne plus mettre aucune limite à votre engagement tant que votre but n'est pas atteint ? »

Un point doit être clarifié ici : je ne prétends pas qu'un individu doit subordonner toute sa vie — sa santé, sa famille, ses loisirs — à la réussite de son entreprise. Une telle politique reviendrait à adopter un comportement irresponsable envers soi-même. Je ne suis pas, loin s'en faut, l'avocat de l'abnégation pratiquée à un tel niveau. Bien au contraire, je défends l'idée selon laquelle nous devons, dans des limites raisonnables (c'est-à-dire sans nuire à notre vie privée), persévérer dans notre tâche tant que notre but n'est pas atteint et ne renoncer que lorsque nous avons fait tout ce qui était en notre pouvoir. Toutefois, il faut aussi tenir compte du fait que tout le monde n'est pas disposé à consacrer la même part de sa vie, de son temps et de son énergie à l'entreprise qui l'emploie. À l'évidence, ceux qui donnent le plus sont également ceux qui sont appelés à connaître la plus haute ascension. Mais tout le monde n'a pas les mêmes ambitions professionnelles. Cela étant, je constate chaque jour que des gens peuvent mener une vie familiale et extra-professionnelle harmonieuse et équilibrée et être sur leur lieu de travail des employés responsables et motivés. Ces gens-là ont intégré la responsabilité à leur comportement.

Enfin, je voudrais ajouter un dernier mot sur les méthodes de développement du sens des responsabilités que je viens de décrire. Les exercices que je propose ne peuvent avoir une efficacité que dans la mesure où l'entreprise facilite, encourage et récompense le sens des responsabilités chez ses employés. Dans une société qui pénaliserait ou, dans le meilleur des cas, traiterait par l'indifférence l'autonomie et l'initiative, même si par ailleurs elle proclamait vouloir fonder sa culture sur ces valeurs, tout ce travail de prise de conscience serait immanquablement voué à l'échec.

L'entreprise et la société

Au cours des vingt dernières années, le monde de l'entreprise a connu des transformations profondes. Pourtant, tous ses acteurs sont loin d'avoir tiré les conséquences de cette mutation. Ils sont encore nombreux, ceux qui restent prisonniers d'un mode de pensée archaïque et qui continuent à pratiquer un management hiérarchisé et centralisé. Tous les discours sur le respect de l'individu, sur l'importance d'une contribution de chacun à la production, sur l'encouragement de l'initiative ne sont souvent que rhétoriques. Aujourd'hui encore, de nombreuses entreprises pénalisent les erreurs plus qu'elles ne récompensent les réussites et, dans l'échelle de leurs valeurs, placent la conformité et l'obéissance bien au-dessus de la responsabilité. À terme, bien sûr, ces organisations finissent par payer le prix de leur ambiguïté et perdent des parts de marché au profit de concurrents qui ont mieux senti le vent tourner. Les réalités économiques ont beau leur montrer la direction à suivre, c'est en freinant des quatre fers que certaines sociétés entreront dans le XXIe siècle. Elles continueront à s'accrocher à un passé paré de toutes les vertus, et beaucoup ne survivront pas, devenues les victimes de leur inconscience et de leur peur du changement. Toutefois, nous pouvons observer que la grande majorité des entreprises ont déjà opéré cette transformation des mentalités et intégré la responsabilité à leur système de valeurs, pour la simple et bonne raison qu'elle est une réponse adaptée à une économie mondiale qui évolue à une vitesse vertigineuse et où règne une concurrence féroce.

Imaginons maintenant un avenir dans lequel les employés des entreprises auraient été formés à exercer leur sens des responsabilités. Le système éducatif devrait alors tenir compte de cette nouvelle donne, car l'école finit toujours par s'adapter aux exigences du monde du travail. Les parents feraient pression dans ce sens parce qu'ils voudraient que leurs enfants soient préparés à affronter la vie réelle. C'est une des façons, pour l'entreprise et son système de valeurs, d'influencer l'ensemble de la société.

« J'ai parfois l'impression d'être à la tête d'une Église, me confiait le P.-D.G. d'une grande société, tant je suis conscient que les valeurs que nous respectons dans nos murs ont une large répercussion sur le monde qui nous entoure. C'est une immense responsabilité. Dans une certaine mesure, ce que les gens apprennent sur leur lieu de travail, ils l'emportent avec eux lorsqu'ils rentrent dans leur famille. Et je veux qu'ils rapportent à la maison des valeurs dont nous puissions tous nous enorgueillir. »

La responsabilité n'est pas un idéal nouveau. Ce qui est nouveau, en revanche, c'est que les entreprises, pour rester compétitives, exigent de plus en plus de leurs employés qu'ils agissent en individus responsables. En cela réside un grand espoir pour le monde à venir.

8

Vers une culture de la responsabilité

En définitive, le sens des responsabilités, tout comme l'estime de soi, ne peut nous être donné par le monde extérieur. Nous devons le trouver en nous-mêmes.

Pourtant, force est de constater que tous les environnements sociaux ne favorisent pas son émergence. Certaines philosophies et politiques sociales ont tendance à encourager l'indépendance tandis que d'autres ont l'effet inverse. Dans ce domaine, l'influence du milieu a d'autant plus d'importance que l'individu moyen ne peut parvenir seul à l'autonomie dans un milieu prônant des valeurs adverses.

Ce facteur extérieur étant déterminant pour le développement du sens des responsabilités, je voudrais à présent étudier cette question en me plaçant cette fois non plus au niveau de l'individu mais à celui de son environnement social.

Je commencerai mon exposé par une anecdote.

Le métier de psychothérapeute a ses plaisirs, et notamment celui d'apporter parfois aux difficultés de nos patients des solutions un peu malicieuses. En voici un exemple, tiré de ma pratique clinique.

Mon cabinet est situé à Los Angeles où je réside mais je travaille par téléphone avec de nombreux patients qui habitent d'autres villes des États-Unis.

Nadine R. était de ceux-là. C'était une femme de trente-huit ans, mère de famille, qui vivait à Minneapolis. Un après-midi, elle m'appela, désespérée :

— Ah, comme je voudrais que vous soyez une femme aujourd'hui ! me dit-elle en guise de préambule. Je doute qu'un homme puisse comprendre mon problème.

Et elle entreprit de me décrire le dilemme auquel elle était confrontée. Son mari, un scientifique, possédait son propre laboratoire de recherche. Elle l'aidait à gérer son entreprise, en plus de s'occuper de leur maison et de l'éducation de leurs deux enfants adolescents. Elle n'exigeait d'eux qu'une seule chose, me dit-elle : que la poubelle soit vidée et les assiettes sales mises dans le lave-vaisselle lorsqu'elle rentrait le soir dans la cuisine pour préparer le dîner. Son mari et ses fils avaient accepté d'exécuter ces tâches à tour de rôle, mais ils s'en acquittaient rarement. Si bien que, tous les soirs, avant de préparer le repas, Nadine devait ranger la cuisine, ce qui la mettait immanquablement de très mauvaise humeur. Les hommes de la famille avaient beau prétendre comprendre son point de vue, ils ne faisaient rien pour modifier leur comportement.

— J'ai tout essayé : la discussion, les supplications et même les cris, mais rien n'y a fait. J'ai l'impression d'être totalement désarmée face à ce problème. À votre avis, que dois-je faire ?

— Êtes-vous certaine de vouloir changer cette situation ?

— Oh oui, je serais prête à tout pour cela, me répondit-elle.

— Très bien. Dans ce cas, je crois que j'ai un moyen d'aider ces messieurs à tenir leurs promesses, à condition que vous fassiez exactement ce que je vais vous dire. Nous allons nous livrer à une petite expérience.

Le lendemain soir, retrouvant la cuisine en désordre, Nadine alla dans le salon et prit un livre. Quand son mari et ses fils, un peu décontenancés, lui demandèrent ce qu'elle avait préparé pour le dîner, elle leur répondit avec un grand sourire : « Je ne peux pas travailler dans une cuisine sale. » (Je lui avais bien recommandé de ne pas leur faire de reproches ni leur donner d'explications.) Les hommes se regardèrent d'un air désabusé et disparurent dans la cuisine. Quelques minutes plus tard, ils revinrent lui annoncer que tout était rangé et elle, tout sourire, alla préparer le repas.

Le lendemain soir, Nadine trouva une cuisine immaculée. Mais le jour suivant, la poubelle était pleine à ras bord et il y avait de la vaisselle sale partout. (Je l'avais prévenue que les choses se passeraient probablement ainsi.) Sans un mot, elle sortit et retourna s'asseoir au salon où elle reprit son livre. Quelques minutes passèrent, puis elle entendit son mari et ses deux fils échanger des reproches avant de négocier pour se répartir les tâches.

Par la suite, pendant plusieurs semaines, Nadine trouva une cuisine impeccable tous les soirs. Mais je l'avais avertie qu'elle devait se préparer à une dernière épreuve. Quand, quelque temps plus tard, elle trouva de nouveau la cuisine sale, elle fut tentée de passer outre, se disant qu'après tout ils avaient fait beaucoup d'efforts. Ce serait là le moment crucial, lui avais-je dit. À ce point, l'expérience pouvait échouer ou réussir, mais tout dépendait de la constance de sa réaction. Alors, Nadine, mobilisant toute sa volonté, alla prendre son livre.

Ce fut la fin du problème. Ce que Nadine n'avait pu obtenir pendant des années par la parole, elle l'obtint en quelques semaines par l'action.

Je lui avais dit : « Lorsque vos agissements ne sont pas suivis d'effet, cessez de vous entêter et portez toute votre attention sur le résultat recherché. Vous aviez besoin de changer votre comportement pour les inciter à changer le leur. Vous leur avez donné une très bonne raison de coopérer avec vous et de tenir leurs engagements. La morale de cette histoire, c'est que lorsque vous vous heurtez à un mur, vous devez chercher quelle action nouvelle vous pouvez entreprendre pour le franchir. »

« Ce que j'ai fini par comprendre, me dit-elle, c'est que j'essayais continuellement de pallier leurs défaillances et qu'en agissant ainsi, je ne leur donnais pas de réelle raison de changer. Lorsque je les ai placés devant une réalité qui les obligeait à tenir leurs promesses, ô surprise, ils ont modifié leur comportement. »

Cette histoire n'a pas que des implications au niveau de la famille et elle pourrait facilement illustrer le fonctionnement de la société en général.

Encourager le sens des responsabilités chez la jeunesse

Le sens des responsabilités a plus de chances de se développer chez un individu qui possède déjà, à la base, une bonne estime de soi. Lorsque parents et éducateurs montrent par leur attitude qu'ils croient dans les compétences et dans la valeur d'un enfant, ils créent un terrain favorable pour l'émergence non seulement d'une estime de soi, mais aussi d'une indépendance et d'un sens des responsabilités. Ce postulat repose sur deux idées très simples :

- Les jeunes apprennent plus facilement le sens des responsabilités d'adultes qui eux-mêmes donnent l'exemple d'un comportement responsable.
- Les jeunes apprennent plus facilement le sens des responsabilités si leurs parents et leurs éducateurs exigent d'eux un comportement responsable.

Autrement dit, les adultes passifs, qui ont tendance à s'apitoyer sur leur sort, à se justifier en accusant les autres ou en utilisant de mauvaises excuses, et qui mettent leurs échecs sur le compte de la malveillance d'autrui ou du « système », auront bien du mal à enseigner à un enfant qu'il doit se montrer responsable dans la vie.

À l'inverse, lorsqu'un enfant grandit dans un foyer et dans un milieu scolaire où les adultes assument la responsabilité de leurs actes, reconnaissent leurs erreurs en toute honnêteté, acceptent de se prendre en charge et luttent pour obtenir ce qu'ils désirent, les probabilités sont grandes pour qu'il perçoive ces comportements comme parfaitement normaux et comme faisant partie de la nature d'un être humain.

Il arrive parfois qu'un enfant soit tellement rebuté par la passivité ou l'immaturité de ses parents qu'il développe en réaction un sens des responsabilités très précoce. Mais cette issue est loin d'être la plus fréquente et procède de toute façon d'un apprentissage pénible pour l'enfant.

En plus de donner eux-mêmes l'exemple par leur comportement, les adultes peuvent encourager le sens des responsabilités chez l'enfant en lui faisant comprendre que c'est ce qu'ils attendent de lui. J'ai réuni quelques exemples qui montrent comment cette politique peut être traduite en actes :

• Un petit garçon fait tellement de bruit à table qu'il perturbe le repas familial. Sa mère lui dit : « Tu as le choix. Tu peux prendre ton repas tout seul à la cuisine ou tu peux parler moins fort afin que tout le monde arrive à manger en paix. C'est à toi de décider. » Malgré cette mise en demeure, l'enfant continue son chahut et la mère dit : « Je vois que tu as décidé de manger seul », et elle l'isole du reste de la famille en l'envoyant dans la cuisine. Un peu plus tard, le garçon accepte finalement de changer d'attitude et sa mère lui dit : « Je suis contente que tu aies décidé de revenir manger avec nous. Tu nous as manqué. » En agissant ainsi, cette mère fait comprendre à son enfant qu'il a le choix et que ses actes ont des conséquences, mais aussi qu'il est aimé. Vous remarquerez que pour lui faire entendre raison, elle n'a eu recours ni aux sermons, ni aux insultes, ni aux railleries ni aux coups, mais qu'au contraire elle s'est adressée à son enfant avec respect et dignité.

• Une jeune étudiante demande à ses parents l'autorisation d'emprunter leur voiture. Cette permission lui est accordée à la condition qu'elle remettra de l'essence dans le réservoir avant de rentrer, condition explicitement formulée par son père. Mais par trois fois, la jeune fille omet de remplir le réservoir comme elle l'avait promis. Son père lui annonce alors qu'elle ne pourra plus utiliser la voiture pendant un mois. « Je vois que tu as décidé de te passer de mon véhicule pendant un moment et je respecte cette décision », dit-il. Un peu plus tard, il surprend une conversation de sa fille avec une de ses amies : « Mes parents ne me laissent plus me servir de leur voiture parce que j'ai manqué à ma promesse de remplir le réservoir. » Lorsqu'elle se retrouve seule, le père s'approche de sa fille et lui dit : « Je te félicite pour l'honnêteté dont tu as fait preuve dans tes explications à ton amie. Je vois que tu prends la responsabilité de tes actes et je trouve que c'est bien. » Cet aveu aura certainement plus de valeur pour cette jeune fille que toutes les remontrances que son père aurait pu lui faire.

• Un adolescent, élève studieux et brillant, annonce son intention de prendre une année sabbatique après son bac pour voyager. Son père lui demande : « Comment comptes-tu financer cette aventure ? » Son fils lui répond qu'il a déjà mis de l'argent de côté et qu'il a l'intention de travailler pour compléter la somme nécessaire. Son père lui répond : « J'apprécie ta détermination. Et pour te le prouver, je te promets de doubler la somme que tu auras réunie au moment de ton départ. » Si ce père fait une telle offre, c'est parce qu'il ne craint pas d'aider un garçon si résolu et si indépendant.

• Une jeune fille de vingt ans qui a déjà derrière elle un long passé d'irresponsabilité reçoit de sa mère un avertissement : elle ne doit plus compter désormais que sur elle-même, et sa famille ne versera plus un sou pour la dépanner comme elle l'a trop souvent fait. Pourtant, quelque temps plus tard, la jeune fille appelle ses parents et leur annonce d'une voix paniquée qu'elle n'est pas en mesure de payer son loyer et qu'elle ne sait pas quoi faire.

— Il va te falloir trouver une solution, lui répond sa mère, imperturbable.

— Et en plus, mon patron m'a fichue à la porte juste parce que j'ai été en retard une ou deux fois le mois dernier.

La mère ne réagit toujours pas.

— Mais qu'est-ce que je vais devenir ?

— Je ne sais pas, lui répond sa mère.

Voyant que son ancienne tactique ne marche plus, la jeune femme, désorientée, s'entête néanmoins :

— Je n'ai plus un sou et mon patron est un beau salaud.

— Parce qu'il avait besoin que tu sois à l'heure à ton travail ? lui demande sa mère.

— Maman, mais comment vais-je faire ? s'exclame la jeune femme.

— J'ai toute confiance en toi et tu trouveras une solution. Je me suis rendu compte qu'en te dépannant trop souvent par le passé je t'ai empêchée de développer tes propres ressources. Voulais-tu me dire autre chose ? Je suis navrée, mais je dois sortir maintenant.

La mère a compris qu'en aidant sa fille comme elle

l'avait fait, elle avait donné à son enfant toute raison de croire qu'elle n'était pas responsable de sa vie. Elle considère qu'il est à présent temps de donner à cette jeune adulte l'éducation qui lui a manqué pendant toutes ces années. Elle sait parfaitement que sa fille n'est pas idiote ni infirme et que rien de fâcheux ne lui arrivera. Elle trouvera un moyen de survivre et, ce faisant, elle deviendra plus forte. Certes, le succès d'une telle démarche n'est jamais garanti. Toutefois, dans de telles circonstances, le plus beau cadeau que cette mère pouvait offrir à sa fille était de se « mettre en grève ». J'ai souvent conseillé à des parents d'agir de la sorte et, dans beaucoup de cas, leurs enfants ont reconnu après un temps plus ou moins long qu'ils avaient eu raison. Et j'ai également vu des enfants irrémédiablement détruits par des parents qui n'avaient jamais renoncé à les prendre en charge.

Dans la nature, celui qui agit de façon irresponsable doit en supporter les conséquences, non parce qu'il est puni, mais simplement par un mécanisme de cause à effet. Celui qui ne plante pas ne récoltera pas. Celui qui ne prend pas garde au feu risque d'incendier sa maison. Celui qui construit un radeau sans attacher fermement les rondins risque de voir son embarcation se démanteler au beau milieu de la rivière et de périr noyé. Et rien de tout cela n'arrive parce que la réalité nous en veut personnellement.

Les parents qui souhaitent apprendre à leurs enfants le sens des responsabilités doivent bien insister sur cette causalité qui lie nos actes à leurs conséquences. Nous ne voulons pas manger avec toi si tu fais de ce repas un moment déplaisant pour toute la famille. Nous ne te prêtons pas notre voiture si tu continues à nous la rendre avec un réservoir vide. Nous ne voulons plus venir continuellement à ton aide si tu refuses de prendre ta vie avec plus de sérieux. En revanche, si tu me donnes la preuve que tu es une personne responsable, je t'aiderai à atteindre les buts que tu t'es fixés. C'est ainsi que nous pouvons enseigner à nos enfants la responsabilité, par cette mise en évidence des conséquences naturelles de nos actes, et non par des punitions qui ne sont qu'artificielles.

Hors de toute intervention de son entourage, nul ne pourrait se comporter éternellement de façon irresponsable sans se heurter tôt ou tard à la réalité. S'il n'y était encouragé d'une façon ou d'une autre par autrui, nul ne serait amené à penser qu'il n'a qu'à désirer pour que les autres le satisfassent, qu'à rêver pendant que les autres agissent, ou qu'à souffrir en attendant que les autres lui fournissent des solutions à ses problèmes.

Malheureusement, nous ne voyons que trop souvent des gens s'évertuer à suppléer aux défaillances des autres et en éprouver de l'aigreur. Intérieurement, ils reprochent à ceux qu'ils aident de ne pas se montrer plus raisonnables, mais dans le même temps ils leur donnent la preuve que la passivité et l'impuissance manipulatrice peuvent être payantes.

S'il est une vérité sur laquelle les psychologues de tous bords et de toutes tendances se rejoignent, c'est celle-ci : si vous voulez encourager un certain type de comportement, ne récompensez pas une attitude contraire.

Cela nous amène au problème de la responsabilité considérée sur un plan culturel, social et politique.

La responsabilité dans la société

Les valeurs américaines traditionnelles d'individualisme, de discipline et d'effort personnel s'expliquent en partie par le fait que ce pays, lorsqu'il vit le jour, n'était qu'un vaste territoire où tout devait être créé.

Indiscutablement, la société américaine d'alors était très soudée et solidaire, mais cette cohésion ne se faisait pas au détriment du sens des responsabilités de chacun. Des individus indépendants s'entraidaient dans la mesure de leurs moyens, mais chacun était supposé se prendre en charge et nul n'était encouragé à penser qu'il avait droit à certains privilèges.

La Déclaration d'indépendance proclama cette idée révolutionnaire selon laquelle chaque être humain a un droit inaliénable à la vie, à la liberté et à la quête du bonheur. Ce texte n'établissait pas que quiconque fût en droit d'attendre quoi que ce soit des autres, mais plutôt que tous, y compris l'État, devaient respecter la liberté de l'individu et l'intégrité de sa personne. Il bannissait l'usage de la force et de la tromperie dans les relations humaines, traduisant ainsi sur un plan social et politique la théorie des droits naturels de l'homme héritée des Lumières.

Certes, ce principe des droits inaliénables de l'individu ne fut jamais mis en pratique avec cohérence par le gouvernement américain qui, dès le départ, toléra des régimes d'exception. Néanmoins, il fut pendant longtemps le guide de la nation américaine dont il synthétisait les valeurs de liberté, d'individualisme, et de respect de la propriété privée. Il signifiait que l'individu était libre et indépendant, qu'il n'appartenait qu'à lui-même, et pas à une famille, à une Église, à un État ou à une société.

Il est intéressant de noter que ces droits se définissaient par ce qu'ils n'étaient pas, à savoir une prérogative sur la force et sur le produit du travail d'autrui. Ils n'imposaient aucune obligation, hormis celle de ne pas utiliser la coercition dans les rapports humains, lesquels devaient être fondés sur le seul volontarisme. Autrement dit, l'individu était libre, mais en échange de cette liberté il s'engageait à ne pas user de la force pour contraindre les autres à agir selon son intérêt.

Sur un plan économique, ce système de pensée a donné naissance au libéralisme.

Dans les États-Unis du XIXe siècle, avec le développement d'une société de libre-échange, les gens assistèrent à une libération soudaine d'une énergie productive qui jusqu'alors n'avait pas trouvé de débouché. Ils virent survivre des millions de personnes qui n'auraient eu aucune chance dans une économie précapitaliste. Les taux de mortalité chutèrent. Les machines — ces machines qu'ils avaient maudites et voulu détruire — diminuaient leurs heures de travail et multipliaient les bénéfices retirés de leurs efforts. Ils se virent accéder à un niveau de vie qu'aucun seigneur féodal n'aurait pu seulement concevoir. Avec les progrès fulgurants de la science et de la technologie, ils virent, pour la première fois dans l'histoire de l'humanité, leurs vies dirigées par l'esprit libéré des contingences matérielles.

Au siècle dernier, les activités productives aux États-Unis s'organisèrent pratiquement hors de tout contrôle du gouvernement. Et s'il y eut toujours une certaine forme d'interventionnisme de l'État et des lobbies qui cherchèrent à obtenir du gouvernement certains avantages, plus graves furent les atteintes aux droits individuels : l'esclavage qui perdura jusqu'à la guerre civile et la discrimination légale envers les femmes. Il n'en demeure pas moins qu'en cent cinquante ans à peine, les États-Unis sont parvenus à créer une société dont le niveau de liberté, de développement, de richesse et de bien-être physique n'avait jamais eu d'équivalent.

À mesure que d'autres pays du monde adoptaient le capitalisme comme système économique, la loi de la force brute perdit du terrain. Le capitalisme abolit l'esclavage et le servage dans toutes les nations civilisées. « La technologie occidentale a rendu l'esclavage superflu, et la pensée occidentale l'a rendu intolérable[1] », remarquait très justement l'historien Bernard Lewis. Le commerce prit la place de la violence comme principe régulateur des relations humaines. Liberté économique et liberté intellectuelle naquirent et grandirent de concert.

Un système dans lequel la richesse et le rang social étaient acquis par héritage, par force ou par faveur politique fut remplacé par un autre qui ne récompensait plus que le travail productif. Pour la première fois de notre histoire, l'intelligence et l'esprit d'entreprise avaient un large débouché social : ils avaient un marché.

Une abondante littérature décrit les dures conditions d'existence qui marquèrent les premières années du capitalisme. Mais si l'on considère le niveau de vie matériel auquel il a élevé les gens et le maigre volume de richesses qui circulait dans le monde à la veille de la Révolution industrielle, on s'étonnera non de la lenteur, mais plutôt de l'extrême rapidité avec laquelle ce système a affranchi les hommes de la pauvreté.

Mais il y avait un prix à payer pour ce formidable progrès. Une société libérale ne peut envisager d'abolir tout risque et toute incertitude de l'existence humaine. Elle ne garantit pas les résultats de nos efforts et exige de nous le sens des responsabilités.

Le désir de sécurité est parfaitement légitime si cette sécurité est obtenue par la protection de nos droits et par notre volonté de veiller à nos propres intérêts. Mais la vie elle-même est une entreprise à risques et l'incertitude est inhérente à l'existence. Aucune sécurité ne peut jamais être absolue.

Ce constat sera plus facilement accepté par qui a une estime de soi satisfaisante, par qui a confiance dans ses propres capacités à relever les défis de la vie.

1. Bernard LEWIS, «Eurocentrism Revisited », *Commentary*, décembre 1994.

En revanche, si l'estime de soi est défaillante, alors la responsabilité à laquelle nous oblige une société libérale devient une perspective effrayante et nous continuons à rêver d'une existence facile dans laquelle chacun de nos besoins serait satisfait par les autres.

Cette attitude, nous la retrouvons chez les socialistes, qui furent les principaux adversaires de la société libérale au XIXe siècle. Or, ce qu'il y a de paradoxal dans leur doctrine, c'est qu'ils ne souhaitaient pas abolir les résultats de la Révolution industrielle, mais au contraire se les approprier. En conserver les effets, la prospérité matérielle, en en éliminant la cause, la liberté économique et politique. Ils vouaient aux gémonies l'« inhumanité » du marché, la « cruauté » de la loi de l'offre et de la demande, et méprisaient pardessus tout la recherche du profit. Ils proposaient un modèle de société dans lequel nul n'aurait la responsabilité de sa propre vie et où la subsistance de chacun serait garantie. Une société dans laquelle chacun devrait contribuer à la prospérité de tous mais sans affronter la nécessité de faire des choix qui influenceraient sa vie et son avenir. Une société enfin où chacun serait récompensé non pour ses accomplissements mais grâce à la bienveillance d'autrui qui garantirait aux hommes qu'ils n'auraient jamais à assumer les conséquences de leurs erreurs. Aux yeux des socialistes, le plus grand péché du capitalisme était précisément de ne pas offrir cette forme de protection.

Car le capitalisme, s'il peut améliorer de façon spectaculaire le niveau de vie de chacun et offrir des opportunités illimitées aux plus ambitieux et aux plus aventureux, ne nous affranchit pas de nos responsabilités. Au contraire, c'est un système fait pour des individus confiants en eux-mêmes et convaincus qu'ils ont un droit inné à la recherche de l'accomplissement et du bonheur.

Au début de leur histoire, les Américains distinguaient deux sortes de droits : les droits naturels, dont j'ai déjà parlé plus haut, et les droits acquis, tels que celui de prendre possession d'une propriété que l'on a achetée. Dans un cas comme dans l'autre, ces droits étaient destinés à protéger l'individu contre les abus du gouvernement. Lorsqu'ils s'exerçaient dans la sphère des relations privées, la seule obligation imposée aux gens était de s'abstenir d'utiliser la force ou la tromperie dans leurs rapports avec les autres et, en ce qui concerne les droits acquis, de respecter les engagements et les contrats que l'on avait passés. Mais aucune ponction dans le trésor public n'était opérée pour protéger ces droits, ou tout au moins pas dans les proportions que nous connaissons aujourd'hui. Les dépenses engagées par le gouvernement pour assurer cette fonction de protection étaient marginales. Mais voilà qu'au XXe siècle apparut une nouvelle conception des droits individuels qui était la négation des précédentes.

C'est, ô paradoxe, à son formidable succès que le système américain dut de voir se développer cette conception. Alors que s'accroissait la richesse, des voix commencèrent à réclamer pour certains des privilèges qui auraient été inconcevables un siècle plus tôt. En effet, qui aurait osé suggérer, voilà seulement quatre-vingts ans, que chacun puisse avoir droit à un logement décent et au meilleur système de santé ? Jadis, logement et soins étaient considérés comme des marchandises et, à ce titre, ils devaient être produits par quelqu'un. Nul n'aurait songé alors à les regarder comme des bienfaits que la nature aurait produits gratuitement et en abondance. Or, aujourd'hui, certains intellectuels et hommes politiques créditent de notre prospérité grandissante non le système libéral, mais le gouvernement. Et ils réclament que l'État fasse plus que seulement garantir la protection des droits. Peu à peu, un glissement s'est opéré, et l'État est perçu désormais comme un dispensateur de bienfaits que chacun est en droit d'exiger. Cette transformation, dont nous constatons les effets aujourd'hui, s'est amorcée dans les années 30, notamment avec la politique de New Deal engagée par Roosevelt.

À l'époque, la mise en place d'un système de subventions à l'agriculture pour empêcher les faillites de fermiers eut sur l'économie des effets pervers. Pour corriger les erreurs du capitalisme, une coercition politique devint nécessaire. Pour que la richesse soit redistribuée, elle doit d'abord être créée puis retirée à ceux qui l'ont produite. Les impôts payés par l'ensemble des citoyens servirent à financer les subventions. Ces subventions à leur tour eurent pour effet d'augmenter le prix des denrées produites, et le contribuable américain dut encore une fois mettre la main à son portemonnaie. Les droits de certains grandissaient au détriment de ceux des autres. Chaque fois que des droits artificiels sont protégés par un gouvernement, les droits naturels sont inévitablement bafoués.

Dans un pur système libéral — un système fondé sur le caractère d'inviolabilité des droits individuels —, une exploitation agricole qui ne pourrait répondre aux exigences de l'économie de marché ne survivrait pas. Mais dans le système d'économie mixte qui s'est peu à peu instauré aux États-Unis, il devient possible de soutenir des secteurs non viables en faisant porter à certains le poids des erreurs commises par d'autres.

Ce livre n'est pas un essai d'économie politique. Aussi ne tenterai-je pas de retracer toutes les étapes qui ont transformé l'économie libérale que connurent les États-Unis à leurs débuts en ce système aux modes de régulation extravagants dans lequel il nous faut vivre aujourd'hui. Cependant, j'affirme que, d'un point dc vue moral, la meilleure société est une société libérale. Car cette doctrine non seulement proscrit l'usage de la violence (lorsqu'elle n'est pas un acte de légitime défense), mais elle prône une liberté absolue des échanges entre adultes consentants. Elle est le seul modèle possible également d'un point de vue pratique, pour la simple et bonne raison que — nous le constatons chaque jour — le système interventionniste ne marche pas. Chaque fois que le gouvernement tente de diriger ou de réguler l'économie, dans le meilleur des cas il est inefficace, quand il ne produit pas un résultat contraire à l'effet recherché. Parmi ces effets de l'économie que j'appelle « mixte », le plus pervers est sans doute d'avoir créé une nation d'assistés qui ne peuvent plus imaginer de vivre sans le soutien de l'État.

Dans une économie mixte, l'intervention du gouvernement peut revêtir des formes très diverses : restriction à la liberté des producteurs au nom de la protection des consommateurs, préférences accordées à certains groupes pour constituer des monopoles aux dépens de leurs concurrents, subventions allouées à certains privilégiés réclamant un traitement de faveur, et jusqu'aux programmes sociaux qui se sont multipliés depuis les années 60 dans une offensive pour imposer une politique de la compassion, au détriment du sens des responsabilités. Quelle que soit sa forme, le modèle fondamental de l'interventionnisme est toujours identique : c'est la violation des droits de certains au nom des intérêts supposés d'un autre groupe.

Si je parle d'intérêts supposés, c'est parce que, à mon sens, les problèmes auxquels les programmes sociaux étaient censés apporter une solution n'ont fait qu'empirer depuis que cette législation a été mise en place.

La sphère gouvernementale ne fonctionne pas du tout comme le monde des affaires. Dans l'économie privée, on abandonnerait, s'il n'est pas rentable, tout projet dans lequel des millions de dollars auraient été investis. Parce que ses ressources ne sont pas illimitées, l'économie privée est obligée de tenir compte des résultats. Leur absence est le signal qui indique aux initiateurs d'un projet qu'il est temps de revenir à la case départ et de tout repenser. Mais dans le monde du social dirigé par des bureaucrates qui n'ont aucun sens des affaires, les résultats comptent moins que les intentions.

Peu importe que la criminalité dévore nos villes comme un feu de forêt. Peu importe que la misère augmente. Peu importe que les droits des minorités ethniques, loin de progresser, aient reculé à mesure que s'installait une mentalité d'assisté et de victime. Peu importe que notre système d'allocations familiales joue un rôle déterminant dans la dislocation des familles noires en pénalisant financièrement celles qui restent soudées et en encourageant les hommes à abandonner femme et enfants. (En outre, il a été prouvé que l'absence de l'image du père dans la cellule familiale a une influence directe sur l'augmentation de la délinquance juvénile, des grossesses précoces et de la toxicomanie.) Peu importe que les gens que ces programmes sont supposés protéger soient de plus en plus marginalisés. Peu importe que cette politique sociale soit sur le point de nous ruiner. Si notre principale motivation est la compassion envers les plus déshérités, il semble que nous n'ayons pas à nous inquiéter de savoir quels droits nous sacrifions pour financer ces programmes, ni à nous préoccuper des résultats personnels et sociaux que nous pourrons en obtenir.

Notre système de protection sociale nous dit : Vous n'êtes pas responsables de votre vie ni de votre bien-être. Notre système judiciaire nous dit : Vous n'êtes pas responsables de vos actes. (Le sort réservé aux assassins n'est-il pas beaucoup plus doux dans une société avancée telle que le nôtre ?) Quant aux politiciens, le message qu'ils nous font passer est à peu près toujours le même : Élisez-moi, et je ferai porter le fardeau de vos besoins et de vos fautes à d'autres épaules.

C'est ainsi que l'économie mixte a permis l'émergence d'une politique dictée par des intérêts corporatistes, dans laquelle divers groupes de pression essaient de se gagner des faveurs, au nom, disent-ils, du bien commun.

Pour défendre de tels corporatismes, mais aussi pour soutenir des programmes sociaux et des législations interventionnistes, notre gouvernement a gaspillé des milliards de dollars qui, gérés par des entités privées, auraient pu être productifs. Or, ce dirigisme de l'État n'a fait que créer une société que je caractériserais ainsi :

- Polarisation grandissante des différentes factions sociales.
- Agressivité et méfiance à l'égard de tous ceux qui ne partagent pas nos opinions.
- Cynisme généralisé.
- Escalade sans précédent de la violence et de la criminalité.
- Exacerbation des conflits de génération (qui est en partie le résultat de nos programmes sociaux).
- Affrontements entre les différents groupes ethniques.
- Augmentation d'une population marginalisée, augmentation nourrie par une intelligentsia qui propose de faire absorber à ces gens des doses toujours plus fortes d'un poison qui les tue, et par une politique qui les présente comme des victimes à qui tout est dû.
- Détérioration généralisée de la qualité de vie.

Le gouvernement n'est pas le seul responsable, même s'il a largement contribué à créer tous ces problèmes. Il est un fait que nos hommes politiques passent volontiers sous silence, c'est que tous les fléaux sociaux que l'interventionnisme de l'État était supposé faire disparaître se sont au contraire développés régulièrement et proportionnellement au degré de l'intervention.

Je ne prétends pas qu'aucun groupe social n'a vu ses conditions de vie s'améliorer au cours des dernières décennies. Mais ce que je veux dire, c'est que ces progrès ne sont pas le fait du gouvernement, même si celui-ci les reprend à son compte.

Prenons l'exemple des femmes. Dans les années 80, elles ont vu leurs salaires augmenter de façon spectaculaire, tandis qu'elles se faisaient une place dans des professions jusque-là réservées aux hommes. Or, cette évolution a été favorisée d'une part par des forces économiques qui ont attiré un nombre toujours plus grand de femmes vers le marché du travail et d'autre part par un changement de nos valeurs quant au rôle des femmes dans la société. Autrement dit, ces conquêtes ne furent pas le fait d'une politique coercitive du gouvernement mais d'un mouvement volontaire de la société.

Prenons maintenant un autre exemple, celui de la communauté noire d'origine antillaise. Ce groupe, qui respecte les valeurs traditionnelles de la famille, du travail et de la responsabilité, ne réclame du gouvernement ni protection ni régime de faveur. Les individus appartenant à cette communauté acceptent tout travail qui leur est offert. Et s'ils débutent souvent au bas de l'échelle, ils ne demeurent pas longtemps aux postes subalternes. Leur ascension sociale est aussi rapide que celle des Blancs. Dès la deuxième génération, leurs revenus sont même supérieurs à ceux des Blancs. Le taux de chômage dans cette communauté est inférieur à la moyenne nationale alors qu'il est supérieur chez les Afro-Américains. Ce groupe ethnique réfute les arguments faciles qui expliquent la pauvreté chez les Noirs par la discrimination raciale. Cette communauté nourrit d'ailleurs un certain mépris pour les Afro-Américains, lesquels se complaisent dans leur rôle de victime et considèrent comme une indignité d'accepter un emploi subalterne et mal payé mais qui n'ont pas les mêmes scrupules lorsqu'il s'agit d'accepter les subsides de l'État providence. (Je dois d'ailleurs ajouter que ce point de vue est partagé par de nombreux Afro-Américains.)

Cet exemple nous montre qu'au-delà de la couleur de la peau, ce sont les valeurs culturelles partagées par un groupe ethnique qui déterminent son devenir social. Le sens des responsabilités et de l'initiative individuelle est d'une plus grande aide à une communauté que toute l'assistance que pourrait lui apporter l'État.

Je suis bien conscient de la grande complexité des questions abordées dans ce chapitre et je n'ignore pas que mon point de vue sur ces questions est radical, car je ne critique pas seulement le système social tel que nous le connaissons (tout le monde s'accorde sur le fait qu'il est inadapté), je ne prône pas non plus une réforme de ce système. Ce que je mets en cause, c'est le principe même de l'aide sociale. J'entends la doctrine qui voudrait que certains aient une prérogative imméritée sur le fruit de l'intelligence et des efforts des autres, lesquels n'ont d'autre choix que d'accéder à ces demandes inconsidérées ; cette doctrine qui considère l'individu non comme une fin en soi mais comme un instrument mis à la disposition d'autrui qui aurait un droit moral de l'utiliser.

Je ne réclame pas une interruption brutale des programmes d'aide sociale. Si interruption il y a, elle doit au contraire être étalée dans le temps et accompagnée de mesures politiques destinées à soulager l'angoisse que susciterait une transition vers une vraie société libérale. Toutefois, je n'oublie pas que ce livre n'est pas un pamphlet politique, mais un essai sur le sens des responsabilités. Si j'ai abordé ces questions, c'est précisément dans cette optique. Mon objectif ici était de montrer que le système que nous connaissons aujourd'hui, quels qu'en soient les mérites, n'est pas fait pour favoriser chez le citoyen l'autonomie et le sens des responsabilités.

Nous avons tous entendu les arguments de ces adolescentes, déjà mères, qui disent : « Pourquoi n'aurais-je pas un deuxième enfant puisque, quoi qu'il arrive, l'État saura prendre soin de moi ? » Nous avons tous entendu les arguments de ces chômeurs qui disent : « Pourquoi me fatiguerais-je à chercher du travail, alors que je peux obtenir mon chèque d'allocations à la fin du mois ? »

Qui leur a appris à penser de la sorte [1] ?

Certes, je ne nie pas qu'il y ait des gens réellement nécessiteux et, encore une fois, je ne prétends pas qu'il ne faut pas leur tendre une main secourable. Mais à mon sens la charité n'est pas du ressort de l'État. La solidarité doit être un choix, et non une obligation imposée par un gouvernement. La générosité est une vertu, à condition qu'elle ne s'exerce pas au détriment des droits de l'individu. C'est l'un des nombreux paradoxes de notre époque que de voir qualifier d'insensibles et de réactionnaires ceux qui s'opposent à cette forme de coercition, pendant que ceux qui la défendent sont considérés comme généreux et progressistes.

1. Dans son essai *The Dream and the Nightmare : The Sixties'Legacy to the Underclass* (William Morrow & Company Inc.), Myron Magnet répond en partie à cette question. Dans ce remarquable travail d'analyse sociale, l'auteur démontre que la rébellion des années 60 contre une éthique du travail, de l'autodiscipline et de la gratification différée — dont le slogan fut : « Je le veux maintenant et sans effort ! » — fut à l'origine d'un renversement des valeurs, lequel fut intériorisé par les classes les plus défavorisées plus que par tout autre groupe, avec les résultats désastreux que l'on sait. La politique sociale menée par le gouvernement ne fut pas la cause de ce changement culturel, mais seulement une de ses expressions.

Or, je ne vois pas ce qu'il y a de généreux et de progressiste à imposer ses valeurs aux autres par la contrainte. Car c'est bien de cela qu'il s'agit, même si ces intentions sont souvent masquées par un discours pseudo-libéral.

La responsabilité n'exclut en rien l'entraide. Comme je l'ai déjà dit, nous autres Américains avons derrière nous une longue tradition de solidarité. Nous sommes la nation la plus charitable du monde. Cette générosité n'a rien de paradoxal. Elle n'est que la conséquence du fait que notre pays est le seul à avoir jamais proclamé le droit à l'égoïsme dans la quête personnelle du bonheur. En affirmant et en défendant notre droit à vivre pour notre intérêt et pour notre bien propres, le système américain a libéré cette générosité qui est inhérente à chacun, à condition qu'elle ne procède pas du sacrifice. Notre pays compte de nombreuses associations caritatives et des milliers de bénévoles qui œuvrent en privé au bien-être de leurs concitoyens. En Europe, lorsqu'il existe des services équivalents, ils sont placés sous la tutelle de l'État. Cet esprit volontariste qui règne aux États-Unis est notre particularité. Il n'existe nulle part ailleurs.

Ce qu'il nous faut combattre, ce n'est pas le désir d'aider (intelligemment et sans sacrifice) ceux qui sont dans le besoin, mais la croyance selon laquelle il serait permis d'abroger des droits individuels pour atteindre nos buts sociaux.

La première étape vers l'édification d'une société plus libérale consisterait à réfléchir aux meilleurs moyens de résoudre nos problèmes sociaux. Sur ce point, j'aurais une suggestion concrète à faire : pourquoi ne pas adapter à nos pratiques législatives la philosophie d'obligation de résultat qui règne dans le monde des affaires ? Dans un premier temps, chaque organisme gouvernemental serait invité à énoncer clairement ses objectifs et à présenter un plan de réalisation. Ce plan ferait l'objet d'une surveillance périodique et le public serait informé de ses progrès et retards éventuels. Lorsque ce plan arriverait à échéance, l'organisme passerait en jugement devant un tribunal qui déciderait, au vu des objectifs atteints, de sa survie ou de sa mort. Une telle politique aurait, entre autres mérites, celui d'éveiller l'attention du public sur le fonctionnement de notre système et peut-être de favoriser la responsabilité à tous les niveaux de la société. Dans le système que nous connaissons actuellement, lorsqu'une institution a été mise en place, il devient impossible de s'en débarrasser, même si ses résultats sont désastreux.

Le corporatisme est un autre ennemi social qu'il est urgent d'éradiquer. Un gouvernement manipulé par des groupes de pression ne peut agir pour le bien de la communauté. Au contraire, il ne fait que monter les plus vieux contre les plus jeunes, les ruraux contre les citadins, les femmes contre les hommes, les industries publiques contre les industries privées, les consommateurs contre les producteurs, et les pauvres contre tout le monde.

Lorsque chacun se bat pour obtenir protection et privilèges, parce qu'il est « beaucoup plus à plaindre que les autres », lorsque nul n'est responsable de rien et que les problèmes sont toujours la faute de quelqu'un d'autre, pouvons-nous espérer voir se constituer une société fraternelle ? Évidemment non.

C'est pourquoi je maintiens que l'individualisme et le sens des responsabilités sont les fondements indispensables d'une véritable communauté. L'individu libre approche les autres avec bienveillance, parce qu'il n'a pas peur d'eux. Il ne voit pas les autres comme des instruments et ne se considère pas lui-même comme un objet potentiel de sacrifice. Une culture qui adhérerait au principe selon lequel nous sommes responsables de nos actes et de la satisfaction de nos désirs, une culture où la coercition ne serait pas vue comme un moyen d'arriver à ses fins serait le contexte idéal pour le triomphe de l'esprit de communauté, de la bienveillance et de l'estime mutuelles.

Y aura-t-il toujours de graves problèmes sociaux qui mettront à l'épreuve notre inventivité ? La réponse est oui. Ceux qui nous entourent continueront-ils à faire parfois des choix que nous désapprouverons ? Inévitablement ; c'est dans l'ordre des choses. Mais j'affirme qu'une culture de la responsabilité est notre seule chance de créer pour tous un monde meilleur.

De multiples raisons expliquent la difficulté qu'ont beaucoup de gens à seulement envisager la possibilité d'une telle société. La métaphysique sociale en est une. Le modèle social que je défends se démarque de toutes les idées reçues en la matière. Il n'est défendu ni par des personnalités en vue ni par une large frange de la population. En fait, ce modèle n'a pour seul soutien que la réalité objective.

Permettez-moi maintenant d'illustrer mon propos par un exemple simple. Imaginons que notre pays ait toujours considéré qu'il entrait dans les attributions de l'État de chausser décemment la population. Imaginons maintenant qu'un tenant sincère du libéralisme vienne à proclamer que les chaussures devraient être traitées comme n'importe quelle espèce de marchandise — c'est-à-dire qu'elles seraient fabriquées et mises sur le marché sans aucune intervention du gouvernement. « Avez-vous perdu la tête ? protesteraient les gens. Voulez-vous que les nécessiteux aillent pieds nus dans la rue ? N'avez-vous pas de cœur ? » Pourtant, à ma connaissance, personne dans notre pays ne va pieds nus et l'industrie de la chaussure met à la disposition du public des articles vendus à des prix adaptés à toutes les bourses. Certes, il existe une grande diversité de prix entre les marchandises bas de gamme et les produits de luxe, mais personne ne voit là un problème nécessitant une régulation de cette industrie par le gouvernement. Pourtant, dans le scénario que j'ai imaginé, les gens devraient faire preuve d'une grande indépendance d'esprit pour arriver à concevoir le fonctionnement d'un secteur de la chaussure entièrement privatisé, en particulier si des personnalités influentes condamnaient cette idée en la qualifiant de « barbare », de « rétrograde » et d'« inhumaine ».

À l'heure actuelle, ils ne sont qu'une poignée, ceux qui parviennent à entrevoir ce que serait une société fondée sur un respect absolu des droits individuels, et à imaginer comment des femmes et des hommes pourraient de leur propre initiative rechercher et mettre en pratique des réponses aux problèmes qui se posent à la communauté. Nous aurons déjà franchi une grande étape le jour où tous les gens seront devenus capables d'envisager une telle possibilité.

L'individualisme

L'idée d'individualisme est sous-jacente à tout ce que j'expose dans ce livre, mais j'aimerais à présent la définir et montrer comment elle s'inscrit dans une démarche d'exercice du sens des responsabilités.

L'individualisme est un concept tout à la fois éthique, politique et psychologique. Dans la sphère éthico-politique, il sous-tend le principe des droits individuels. Il établit que l'individu est une fin en soi, et non l'instrument d'autrui. Il nie que nous soyons nés pour servir les autres et que le sacrifice de sa personne soit la plus grande des vertus. Il pose l'épanouissement et la réalisation personnels comme but ultime de notre existence. Bref, il célèbre la personne humaine. Dans la sphère éthico-psychologique, il implique que l'individu doit apprendre à réfléchir en toute indépendance et placer au-dessus de toute autre valeur la souveraineté de son propre esprit, à défaut de quoi il met en péril son intégrité intellectuelle. L'individualisme n'est pas une forme de solipsisme. Il ne nie pas le rôle essentiel que jouent les relations humaines et notre environnement social dans notre réalisation personnelle. Il pose l'indépendance comme base à toute forme de communauté. Bref, il célèbre l'autonomie.

De même que la communauté devient plus forte lorsqu'elle se nourrit de l'individualisme de ses membres, de même l'individualisme ne saurait exister sans son corollaire, qui est le sens des responsabilités.

Si nous comprenons cela, nous comprenons aussi qu'il est injuste et absurde de condamner l'individualisme en l'associant à une permissivité totale. C'est tout le contraire : l'individualiste ne compte que sur ses ressources propres pour survivre. S'il refuse de se sacrifier, il n'accepte pas non plus le sacrifice des autres. Ses rapports avec autrui se résument à un échange de valeurs tant matérielles que spirituelles. En un mot, il fait preuve d'indépendance.

L'individualisme n'est pas, comme le prétendent certains, une forme de mépris des droits d'autrui, car il ne peut être adopté comme principe moral qu'à condition d'être universel. Il doit s'appliquer à tous les êtres humains. Je ne peux prétendre à des droits que je dénie à autrui.

À ce propos, il me vient à l'esprit une anecdote qui me concerne personnellement. Un jour — je devais avoir une douzaine d'années —, je pris de l'argent dans le tiroir-caisse du magasin de vêtements que tenait mon père. Toute ma famille fut profondément choquée par ce geste et personne ne sut quoi me dire. Personne, à l'exception de ma sœur aînée, Florence, qui trouva les mots justes. Elle n'ignorait pas qu'entre toutes les valeurs, l'indépendance était celle que je respectais le plus. Aussi me prit-elle à part pour me dire la chose suivante : « Sans parler du fait que tu n'avais aucun droit de prendre ce qui ne t'appartenait pas, ce geste vient contredire tout ce que tu prétends admirer. Tu aspires à l'indépendance, mais en prenant le bien d'autrui, tu te lies aux autres de la pire façon. Voler, c'est se mettre en position de dépendance. Une personne véritablement indépendante doit se faire un point d'honneur à respecter les droits des autres en toutes circonstances. » Ces paroles, je les ai entendues il y a plus de cinquante ans, mais je suis toujours reconnaissant à ma sœur de les avoir prononcées. Peu de conversations dans ma vie ont eu autant d'importance que celle-là.

J'aimerais à présent vous conter une seconde anecdote qui permettra de corriger une autre idée fausse sur l'individualisme. Un entrepreneur brillant, fondateur d'une petite société qui connaissait une expansion rapide, m'avait demandé conseil parce qu'il avait du mal à travailler en équipe. Ses collaborateurs lui reprochaient son attitude distante, sa réticence à partager des informations qui auraient pu faciliter le travail de tous. À l'évidence, cet homme opérait en cavalier seul sans se soucier du chaos qu'il pouvait laisser derrière lui. Lorsqu'il vint me trouver, nous discutâmes de la façon dont il pourrait améliorer la transmission des informations entre lui-même et son personnel et de la nécessité de détruire ce mur d'incommunicabilité qu'il avait créé autour de lui.

Il me regarda d'un air penaud et me dit :

— Je sais que vous avez raison, mais toute ma vie je me suis tenu à l'écart des autres. Ce que disent mes collaborateurs est vrai : je fais toujours cavalier seul. C'est une habitude dont on ne se débarrasse pas facilement.

Je gardai le silence pendant un moment, me demandant quelle réponse j'allais offrir à cet homme. Puis je me souvins qu'il était un mordu de hockey sur glace.

— Le hockey est un sport très intéressant, lui dis-je.

La réaction de mon interlocuteur ne se fit pas attendre.

— Ça, oui, alors ! C'est ma passion.

— Il y a une chose que j'ai remarquée chez les joueurs de hockey, continuai-je. Avant la partie, ils ne sont qu'une bande d'individualistes forcenés. Pourtant, dès qu'ils posent le pied sur la glace, c'est comme si, soudain, ils se mettaient tous à compter les uns sur les autres, parce qu'ils ne peuvent pas faire autrement. Plus ils sont synchrones, plus ils opèrent à l'unisson, et plus l'équipe est puissante. Observez-les : aucun d'eux ne joue dans son coin sans s'occuper de ce que font les autres. L'action de chaque joueur est intimement liée à celle du reste de l'équipe.

Mon interlocuteur sourit et leva les yeux vers le plafond. Il demeura quelques instants plongé dans une intense réflexion, avant de me répondre :

— Vous avez raison ; vu sous cet angle, je comprends que je peux avoir ma place dans une équipe. Votre idée me plaît. Je crois que je vais y réfléchir.

Et il partit dans un grand éclat de rire.

Je voudrais préciser un dernier point : l'individualisme ne nie pas que nous ayons des responsabilités les uns vis-à-vis des autres. Mais il ne définit pas ces responsabilités comme le ferait le collectivisme. L'individualisme implique que l'entraide n'est pas un devoir mais un choix personnel. Alors que le collectivisme proclame que l'individu n'a d'autre fonction que de servir une cause commune et rejette toute notion de liberté individuelle. Il ne s'adresse qu'au groupe, cette unité à laquelle l'individu est subordonné. Ce fut le cas dans l'Allemagne nazie, en Union soviétique, en Chine communiste, et dans tous les pays qui adhérèrent à cette idéologie à un moment ou à un autre de leur histoire.

L'individualisme établit que notre première responsabilité envers les autres est de respecter leurs droits et leurs libertés et de ne pas les contraindre par la force. Il nous interdit de cautionner une société esclavagiste. Mais notre responsabilité s'arrête là.

Avons-nous l'obligation de veiller sur nos frères ? Devons-nous justifier notre existence par les services que nous rendons à autrui ? Devons-nous devenir les otages de ceux qui ont besoin de nous ? À ces questions, l'individualisme répond non. De tels liens sociaux sont incompatibles avec le principe selon lequel chaque individu n'appartient à personne d'autre qu'à lui-même. Ce principe, pour autant qu'il est mis en pratique, est ce qui fait la grandeur de notre civilisation occidentale. Il est le fondement de la liberté politique.

Individualisme et sens des responsabilités sont des notions que nous comprenons parfaitement ; pourtant, si nous parvenons parfois à y conformer notre vie, c'est pour mieux les oublier ensuite. Arriverons-nous jamais à faire preuve de plus de constance dans notre respect de ces valeurs ? Le monde que nous aurons au XXIe siècle dépend de la réponse que nous apporterons à cette question.

Appendice

Phrases à compléter pour développer son sens des responsabilités

Nous avons vu dans ce livre, à travers les divers exemples que j'en ai donnés, comment les exercices de phrases peuvent faciliter la compréhension de soi et la progression personnelle. Le programme que je propose dans cet appendice est destiné à aider le développement de l'indépendance et de l'autonomie. Bien qu'il soit principalement conçu pour les personnes qui ont à vaincre un problème de métaphysique sociale, il n'est aucunement limité à cette question et peut être utilisé par quiconque souhaite mieux se connaître pour mieux se développer.

Ce programme consiste à écrire sur une feuille de papier la première proposition d'une phrase, puis à la compléter en proposant entre six et dix fins possibles, la seule contrainte étant de respecter les règles grammaticales et syntaxiques.

Lorsque vous pratiquerez ces exercices, travaillez aussi vite que possible. Ne vous arrêtez pas pour réfléchir. Peu importe qu'une phrase soit fausse ou dénuée de sens. Continuez simplement à écrire.

Essayez de vous placer dans un état d'esprit qui combine une intense concentration avec une absence totale d'autocensure. La pratique quotidienne de ces exercices est une forme de discipline psychologique et même spirituelle qui avec le temps peut amener des changements spontanés de comportement. Souvent, mes patients me demandent comment ils vont faire pour intégrer ce qu'ils retirent de ces exercices, et je leur réponds que c'est la pratique elle-même, parce qu'elle est répétitive, qui permet cette assimilation. La rapidité de vos progrès dépendra en partie de votre niveau de concentration et de vigilance, d'abord lorsque vous écrirez les phrases, puis lorsque vous relierez et analyserez les fins que vous aurez proposées.

Une dernière précision : l'usage d'une machine à écrire ou d'un ordinateur est toléré.

1re SEMAINE

Commencez votre journée en écrivant le début de phrase suivant :

Le sens des responsabilité signifie pour moi...

Ensuite, aussi rapidement que possible, sans vous arrêter pour réfléchir, proposez plusieurs fins à cette phrase (entre six et dix). Ne consacrez pas plus de deux minutes à cet exercice. Ne vous demandez pas si ce que vous écrivez est vrai ou profond ou vous paraît tout simplement avoir un sens. Écrivez ce qui vous vient à l'esprit.

Passez ensuite au début de phrase suivant :

L'indépendance signifie pour moi...

Puis au début de phrase suivant :

Penser par moi-même signifie pour moi...

Enfin :

Faire confiance à mon propre esprit signifie pour moi...

Quand vous avez terminé, vous pouvez vaquer normalement à vos occupations.

Faites cet exercice chaque matin, du lundi au vendredi, pendant la première semaine. Ne relisez jamais ce que vous avez écrit la veille. Évidemment, il y aura beaucoup de répétitions. Mais de nouvelles fins apparaîtront inévitablement.

Au cours du week-end, prenez le temps de relire ce que vous avez écrit pendant la semaine, puis travaillez avec le début de phrase suivant, en proposant au moins six fins :

S'il y a quoi que ce soit de vrai dans ce que j'ai écrit cette semaine, il me serait peut-être utile de...

Cet exercice devra être effectué chaque week-end, pendant toute la durée du programme.

Lorsque vous faites ce travail, l'idéal est de vider votre esprit et de vous abstenir de toute attente. Ne vous demandez pas ce qui va se passer ensuite ou ce qui est supposé arriver. Faites l'exercice, vaquez à vos occupations, et contentez-vous de noter, à l'occasion, les petites différences qui pourraient apparaître dans votre état d'esprit ou dans votre comportement.

N'oubliez pas : ce que vous écrivez doit être correct d'un point de vue grammatical et syntaxique. Au besoin, si rien ne vous vient à l'esprit, inventez une fin de phrase. Mais ne renoncez jamais.

Chaque exercice demande environ dix minutes. S'il prend plus longtemps, c'est que vous réfléchissez trop à ce que vous allez écrire.

2e SEMAINE

Si je fonctionne aujourd'hui avec un sens des responsabilités accru de 5 %...

Si je pense par moi-même aujourd'hui...

Si j'accorde 5 % de conscience supplémentaire à mes besoins et à mes désirs les plus profonds...

Si j'accorde 5 % de conscience supplémentaire à ce que je pense et ressens vraiment...

Je prends conscience du fait que...

N'oubliez pas votre bilan du week-end.

3e SEMAINE

Si je me montre plus direct sur ce que je pense et ressens aujourd'hui...

Si aujourd'hui j'augmente de 5 % mon affirmation de moi-même...

Si j'accorde plus de respect à mes désirs et à mes besoins aujourd'hui...

Si je m'exprime calmement et avec dignité aujourd'hui...

Si je veux traduire ces idées en actions...

4e SEMAINE

Si j'accorde plus d'attention à mes signaux intérieurs aujourd'hui...

Si je suis plus sincère dans mes rapports avec les gens aujourd'hui...

Si je m'accepte à 5 % de plus aujourd'hui...

Si je m'accepte même quand je fais des erreurs...

Si ces idées commencent à faire leur œuvre dans mon subconscient...

5e SEMAINE

Si je désavoue ce que je pense et ce que je ressens...

Si je place les pensées d'autrui au-dessus des miennes...

Quand je réfléchis à ce que je fais pour impressionner les gens...

Si je cache ce que je suis pour me rendre plus « aimable »...

Je commence à soupçonner que...

N'oubliez pas votre bilan du week-end.

6e SEMAINE

Si j'accepte mieux mes sentiments aujourd'hui...
Si je nie et désavoue mes sentiments...
Si j'accepte mieux mes pensées...
Si je nie et désavoue mes pensées...
Je deviens conscient du fait que...

7e SEMAINE

Si j'accepte mieux mes peurs...
Si je nie et désavoue mes peurs...
Si j'accepte mieux mes souffrances...
Si je nie et désavoue mes souffrances...
À présent, il devient évident que...

8e SEMAINE

Si j'accepte mieux mon désir d'être apprécié...
Si je nie et désavoue mon désir d'être apprécié...
Si j'apprends à gérer mon désir d'être approuvé...
Si je ne peux reconnaître mon désir d'être approuvé sans être contrôlé par lui...
Si je veux traduire ces idées en actions...
N'oubliez pas votre bilan du week-end.

9e SEMAINE

Si j'accepte mieux mon moi profond...
Si je nie et désavoue mon moi profond...
Si j'accepte mieux mon intelligence...
Si je nie et désavoue mon intelligence...
Si je m'autorise à comprendre ce que j'écris...

10e SEMAINE

Si j'accepte mieux mes pensées et mes sentiments, qu'ils soient ou non partagés par autrui...

Si je nie et désavoue mes pensées et mes sentiments lorsqu'ils ne sont pas partagés par autrui...

Si je trahis mes pensées et mes sentiments par mes actes...

Si je rends honneur à mes pensées et à mes sentiments par mes actes...

Je commence à soupçonner que...

11e SEMAINE

Si je m'imagine faisant preuve de plus de responsabilité...

Si je m'imagine faisant preuve de plus d'indépendance...

Si je m'imagine regardant les choses par mes propres yeux...

Si je prends 5 % de responsabilité supplémentaire pour les idées auxquelles je conforme ma vie...

Si ces idées commencent à faire leur œuvre dans mon subconscient...

12e SEMAINE

Si je rends honneur à mon jugement aujourd'hui...

Parfois, je reste passif quand je...

Parfois, je me place en position d'impuissance quand je...

Si je prétends être moins que ce que je suis...

Si je m'autorise à intérioriser ce que j'écris...

13e SEMAINE

Si j'accorde 5 % d'intégrité supplémentaire à mes relations...

Si je prends 5 % de responsabilité supplémentaire dans le choix de mon conjoint...

Si je prends 5 % de responsabilité supplémentaire dans mon propre bonheur...

Si je prends 5 % de responsabilité supplémentaire dans le niveau d'estime que je m'accorde...

Je deviens conscient du fait que...

N'oubliez pas votre bilan du week-end.

14e SEMAINE

Si je vis à 5 % plus sincèrement aujourd'hui...

Si je traite avec respect mes pensées et mes sentiments aujourd'hui...

Si j'essaie de m'affirmer davantage aujourd'hui...

Si j'ai la volonté d'accepter ce que je vois et ce que je sais...

Si je me confronte pleinement à la signification de ce que j'écris...

15e SEMAINE

Si je me tiens pour responsable de mes promesses et de mes engagements...

Si j'arrête de me trouver des excuses et des alibis...

Si je refuse de me réfugier dans l'impuissance...

Si j'ai la volonté de dire « oui » quand je pense « oui » et « non » quand je pense « non »...

Je commence à soupçonner que...

16e SEMAINE

Si j'avais la volonté de laisser les gens voir qui je suis...

Si je prenais plus de responsabilité dans le respect de mes engagements...

Si je fonctionne avec un sens des responsabilités accru de 5 % dans mon travail...

Si je fonctionne avec un sens des responsabilités accru de 5 % dans mes relations avec les autres...

Si je choisis de traduire ces idées en actes...

17e SEMAINE

Si je reste en prise avec ce que je pense et ce que je ressens...

Si je prends plus de responsabilité dans la satisfaction de mes désirs...

Si je refuse de faire porter le blâme à quiconque...

Si je fais de mon bonheur un but conscient...

À présent, il me semble clair que...

18e SEMAINE

Si aujourd'hui je regarde les gens en face et que je leur dis la vérité...

Si je refuse d'être gouverné par ma peur du qu'en-dira-t-on...

Si je refuse de cacher qui je suis...

Si je me montre simple, honnête et direct aujourd'hui...

Si je laisse ce que j'ai écrit pénétrer mon esprit...

N'oubliez pas votre bilan du week-end.

19e SEMAINE

Si j'accorde 5 % d'intégrité supplémentaire à mes relations avec autrui...

Si je reste fidèle aux valeurs que je crois justes...

Si je refuse de conformer ma vie à des valeurs que je ne respecte pas...

Si je considère le respect de ma personne comme une priorité...

Je deviens conscient du fait que...

20e SEMAINE

Si j'accepte la responsabilité de ma vie et de mon bien-être...

Si j'accepte la responsabilité de mes choix et de mes décisions...

Si j'accepte la responsabilité de mes actes...

Si j'accepte la responsabilité du type de relation que j'entretiens avec les autres...

Si je choisis de traduire ces idées en actes...

21e SEMAINE

Si je veux devenir plus indépendant, je dois...

Si je veux avoir une meilleure estime de moi-même, je dois...

Si je veux être plus sincère, je dois...

Si je veux me sortir de la dépendance, je dois...

Si j'ai la volonté de traduire ces idées en actes...

22e SEMAINE

Si je vois les choses à travers mes propres yeux aujourd'hui...

Si j'ai la volonté d'accepter ce que je vois et ce que je sais...

Si je suis sincère aujourd'hui, même si cela me semble difficile...

Je me respecte davantage quand je...

Je deviens conscient du fait que...

23e SEMAINE

Si je fonctionne aujourd'hui avec un sens des responsabilités accru de 5 %...

Si aujourd'hui j'augmente de 5 % mon affirmation de moi-même...

Si je suis à 5 % plus authentique aujourd'hui...

Si je suis à 5 % plus honnête aujourd'hui...

À présent, il me semble clair que...

24e SEMAINE

À mesure que je deviens plus responsable...

À mesure que je deviens plus indépendant...

À mesure que j'apprends à dire ce que je pense et ressens vraiment...

À mesure que j'apprends à regarder les choses à travers mes propres yeux...

Si ces idées commencent à faire leur œuvre dans mon subconscient...

25e SEMAINE

Parfois, quand la responsabilité me fait peur, je...
Parfois, quand l'indépendance me fait peur, je...
Si je veux surmonter ma peur de la responsabilité...
Si je veux surmonter ma peur de l'indépendance...
Je commence à soupçonner que...

26e SEMAINE

Une des choses que j'ai apprises à travers ce programme...

À présent que je sais distinguer les moments où je suis responsable de ceux où je ne le suis pas...

À présent que je sais distinguer les moments où je suis authentique de ceux où je ne le suis pas...

À présent que perçois ce que je ressens quand je ne suis pas honnête...

Je deviens conscient du fait que...

27e SEMAINE

Je suis plus fier de moi quand je...
Je suis moins fier de moi quand je...
Si je rends honneur à ma volonté de me battre...
Si je rends honneur à ma recherche de développement personnel...
Si je m'autorise à comprendre ce que j'écris...

28e SEMAINE

À mesure que j'apprends à traduire en actes ce que j'apprends...

Tandis que je continue à me battre, même si c'est difficile...

Si je choisis de persévérer, quel que soit le temps que cela prendra...
L'un des aspects sur lesquels j'ai changé...
Je commence à soupçonner que...

29e SEMAINE

À mesure que s'approfondit ma compréhension du sens des responsabilités...
À mesure que s'approfondit ma compréhension de l'indépendance...
À mesure que j'apprends à être plus authentique dans mes rapports avec les autres...
À mesure que tout ce que j'apprends s'enracine dans mon subconscient...
Je deviens conscient du fait que...

30e SEMAINE

À mesure que j'apprends à opérer avec un niveau de responsabilité accru...
À mesure que j'apprends à opérer avec un niveau d'indépendance accru...
À mesure que j'apprends à accorder plus d'attention à ce que je pense et ressens vraiment...
À mesure que j'apprends à me traiter avec plus de respect...
À mesure que je traduis ces idées en actes...

Si après avoir terminé ce programme vous voulez aller encore plus loin, je vous suggère de le reprendre depuis le début. Ce sera, par bien des aspects, une expérience nouvelle pour vous, car votre état d'esprit aura changé durant les trente semaines où vous aurez pratiqué ces exercices. Si vous avez le désir d'avancer dans le domaine de la responsabilité, vous pouvez reprendre encore et encore ce programme et, chaque fois, vous progresserez.

Si vous souhaitez partager avec moi les expériences que vous avez connues en pratiquant ce programme, je serai ravi de recevoir vos remarques et vos commentaires. Ils m'aideront à faire avancer mes recherches et peut-être vous seront-ils utiles à vous aussi. Vous pouvez m'écrire à l'adresse suivante :

P.O. 2609 Beverly Hills, California 90213, États-Unis.

Téléphone : (310) 274-6361.

Télécopie : (310) 271-6808

E-mail : 73117.607@compuserve.com.

Remerciements

Je tiens à exprimer ma reconnaissance à mon éditrice, Marilyn Abraham, pour l'énergie et l'enthousiasme avec lesquels elle m'a encouragé à la rédaction de ce livre, ainsi que pour les précieuses suggestions qu'elle m'a faites.

Merci également à Mary Ann Naples, qui a succédé à Marilyn. Mary Ann a suivi les dernières étapes de la préparation de ce livre et je lui dois de m'être immédiatement senti à l'aise chez mes nouveaux éditeurs, Simon & Schuster.

Merci aussi à mon agent littéraire, Nat Sobel, pour son soutien et son dévouement sans réserve.

Et à ma femme, Devers, j'exprime mon amour et ma gratitude pour l'intérêt passionné qu'elle a manifesté lorsque j'ai entrepris ce travail, la stimulation que m'ont apportée nos discussions à ce sujet.

Bien-être
7127

Composition Jouve
Achevé d'imprimer en Europe (France)
par Brodard et Taupin à La Flèche (Sarthe)
le 23 octobre 1998. 1215V-5
Dépôt légal oct. 1998. ISBN 2-290-07127-7
1er dépôt légal dans la collection : juillet 1997

Éditions J'ai lu
84, rue de Grenelle, 75007 Paris
Diffusion France et étranger : Flammarion